露水京都

韓良露——著
朱全斌——攝影

推薦序

眞京都女兒也

舒國治

先說點我的京都經驗。

在台灣，有一趣象。我每次與朋友聊到幾個星期後打算有京都之行的計畫，朋友中總有人會說：「我們可以參加嗎？」「我們能跟團嗎？」我總是說：「當然當然。別說跟，大家一塊兒玩。」大夥分開後，我開始想：「京都哪兒算好玩呢？」「在京都，該帶他們吃些什麼呢？」「金閣寺、銀閣寺、龍安寺、清水寺該不該去呢？他們會不會都去過了？」「應該建議他們住哪裏呢？他們如果不適合像我一樣住便宜的旅館，是否行動起來會有所不利落？」

我愈想愈多，幾乎覺得帶人遊京都或許是最困難的工作了。

當然，我除了和家人，和三兩熟友同遊外，也眞沒帶過人遊京都。並且，也不太敢。

上世紀九十年代，我常動不動就想到京都，主要想的是京都的氣氛那一類的東西。像京都教你憶起唐詩的那種部分，或像京都隨處令人瞧見的埋頭專注之業作（灑水、枝頭修剪花草、掃地、跪著擦地板、砧板上切生魚片、削竹片製竹器、和尚行於路、藝妓移屐過小橋……）更或是阡陌縱橫的日本屋舍與小規模阡陌縱橫的門框窗條，當然還有數不盡的大小公園、樹林，與淙淙流蕩的溪水。

京都於我像是個精緻的國家公園。公園中充滿著我能享受、我一逕想接近的諸多東西。並且我深深喜歡它的 layout，像它的山、不高；東面有，北面有，西面也有。它的水，大的有個幾條，小的也有幾縷，布展得相當勻稱。這框架甚是理想，遠遠近近，其中散列著人家。而人煙處每隔不遠總有寺院門牆出現，有一襲肅穆，亦有一股淒清。我是那麼的喜歡京都，喜歡到無論哪裏、我都覺得可以玩出美趣來，而不用非要特別選某一定點去觀看或膜拜某樣奇景，也不用非要迢迢奔赴某店才吃到那叫人心魂蕩漾的佳餚。皆不用。於是，我在京都愈來愈隨便，稍稍胡走就很心滿意足，登上任何地鐵或公車，總能去到我樂意一停的地方。甚至我似乎有一點期待京都可以再疏朗些、再荒蕪些；譬似有些寺院頹舊了，就令它那樣好了。又譬似有幾堵土牆歪了，就令它那樣好了。有幾所小學不上課了，就令它空蕩蕩的留著擺著好了。

然京都亦有其不容易處。除了日本人的嚴謹自抑外，吃飯時蔬菜種類不多等也皆算是。

再說一些我的京都窒礙。

像喝咖啡，京都有極多的咖啡館，又皆是位置極優、布置極好的店，然咖啡旁邊配的奶，嘗起來似是「奶精」之類的調製品。這奶加在咖啡裏，味道太配了，亦好喝，並且再丟入一兩小塊方糖，更是一杯完美的咖啡。這種加上奶、擱上糖的咖啡，不論在「靜香」、在Inoda、在Smart Coffee、在「六曜社」，皆是同樣的那麼完美。

但這也是一杯完美的老式咖啡。我喝過這樣的咖啡幾年之後，斷斷不想這麼喝了。開始只想純喝黑的，竟然未必是最美的咖啡味。

日本的調奶，與日本太多的「菓子」（糕餅），皆透露著日本食品製造業極高妙成熟的技法，也於是反式脂肪很是瀰漫。當然我不只是爲此理由而少吃菓子

（京菓子或洋菓子），主要我在京都很少找尋正餐之外的零嘴（以求省下尋吃而得出的餘裕），也盡量少接近那稱之為琳瑯滿目的京都風華。

說著說著，像是說我到京都去為了追求空寂似的。

以前沒想到，如今想想，空寂還真不失是遊京都頗不錯的主題。滿遊，或許還不如淡遊呢。便說吃吧，京都什麼吃不到？何不每頓飯簡簡吃成。然而簡簡吃成，又吃得好，這在全世界都是絕高超的藝術。京都當然也不容易。

尤其吃麵。拉麵不用說了，是酒後慰藉心靈的放縱式療癒食物，本就不宜作正餐吃。烏冬麵、蕎麥麵即有好的，卻因不帶配菜，亦是吃來甚不完備。吃麵要吃得好，必須這城鎮還不能過度富裕。香港房價太高，吃麵，大不易。台北，還勉勉強強的尚稱平民化，吃麵猶可。蘇州這樣的城市格局，照說最可能吃得好麵。

連麵這種簡物都如此不易，別的更可知矣。

這造成在京都我凡是不知道如何張羅眼下這一頓飯時，總是在心底暗暗打著「準備野餐」的算盤。譬似選買哪幾味壽司、哪家店的法棍麵包與可頌、哪家的進口火腿與起司、一個蘋果或一個乾柿子……等等。便當，我幾乎從來不想，太貴了。也太京都式的琳瑯滿目了，當然，也離「簡」愈發遠了。

正因爲無意於琳瑯滿目，「西陣織」我一次也沒看過。藝妓在我身邊經過，我一張照片也沒偷拍過。甚至極好的「俵屋」、「柊家」那至高無上的精心打理與悉心服務，我亦從未下榻體驗過（當然價格是最大的原因）。

我太不希望去詳閱京都、細究京都。我簡直有一點把京都當成梭羅《湖濱散記》的那些森林來息心息念的徜徉了。

近日讀到韓良露的文集《露水京都》，才發現所有臺灣愛京都、迷京都、將京都當成自己私心寶愛之第一城市的女士男士們所殷殷追求的，所循循走訪的，所反覆吟詠的，都被精心、巧慧、探源溯本在這本書裏密密實實寫了出來。

我前所說的不敢帶人遊京都，直到讀了良露這麼多篇文章，再想起她多次閒談中敘及的極多層面之京都，突然驚道她才是最佳的領著數不盡的成長於臺灣的男女細賞京都之人選。一想到她，前說的不敢，全都敢了。

她有一種膽識，令她看待事物有一股不入虎穴焉得虎子的雄心。這就是敢。而這敢，常是一種秉賦，來自她從小便有追求她想追求的那種生來的自信。即以讀大學這類事爲例，良露倘認定待在大學裡要混不混的這麼沒啥意思的弄下去，還不如離開它到外間瞎闖闖！這說的是她十八、九歲眞從大學校門飄然步出之實況也。七十年代電視連續劇的情節天馬行空，她心想：編個幾十集電視劇令它言之成理有啥了不得的？遂就下海來寫，馬上就輕輕鬆鬆賺得了頗稱優渥的編劇費。這是她二十多歲時的壯舉。三、四十歲之際，某次在倫敦，她一問倫敦的公寓價格還可以，乾脆能買就先買了，不會顧慮東顧慮西的。以前（四、五十年前）出國不容易，後來她開始出國玩，一玩就玩得很遠很遠，太多聽來遙迢不可貼近的國家或城鎭，她一去，便霎時就近了；她一去，原來人家說困難的，便一下子就不難了。這是很獨特的個人品質，幾乎只能存在於俠女式的情質之中。

主要與五十年代出生於台灣這諸多文化環節有點關係。那時的小孩，剛自戰後被降生在小島上，又受習於老式中國的孔孟文化、唐宋詩文，卻身邊熏染的是東洋的房舍、木屐與寧靜巷弄。在此種環境長大後，很盼往外一探所謂燦爛文化的究竟。

良露便是太多太多這種「圓夢」背景少男少女中的一員。八十年代伊始，她早等不及要看一看「世界到底長得像什麼」，自此各國巡遊訪看，喜不自禁，頓覺舉世美麗城鎮恁多，人如何可以故步自封？愈看愈增廣了眼力，不僅僅觀看紐約、東京深有收益，柏林、維也納也自方正有格。而巴黎的散漫卻優雅、馬虎卻爽颯更是深得她心，自認自己根本也可以是個乍然來抵而又留下不走的巴黎人。

東歐的布拉格與布達佩斯，其實風情萬種，只不過二十世紀後半葉被壓抑成較爲不飛揚招搖罷了。她對於每個城市的深情凝視，使得她幾乎要說自己根本已經是城市的收藏家了。舉世了不起的城市、令人流連難忘的城市眞是多不勝數，但也只有京都，是她最鍾情的城市。

說到京都，良露更有她早露湛光的慧眼，不僅她深愛中國詩詞與江南江北生活曲藝，小時候看過日本電影無數，對於古老東方，有無限屬於臺灣小孩的遐想。即使她童年住過的北投溫泉路老家（即「梅月旅社」左近），壓根就有一個幽靜極矣、泉石兼備的日本老庭院；京都在她成長後、能夠出國後的發現，其實何曾不是早先的舊識竟於多年後又來相見？這麼迷茫美絕的古都，絕對是她最最能做知音的一個古都。然而這麼了不起的古都，該如何貼近呢？

是無數個晨昏的闊步走訪，是無數間店家的殷殷登門，是一所又一所古寺的參拜，再加上一冊又一冊書籍的閱讀。良露幾乎就差沒有潛心學習日文一個音接著一個音的咬文嚼字，一句接一句的敬語將之揣摩練習至純熟爲止，而後設法在日本找個金澤或鎌倉這類與紛擾忙碌的塵世相隔稍遠之古鎮住了下來，靜靜體悟四時之變化，秋紅葉、冬白雪。再偶而興起，開始撰寫她獨樹一格的旅日隨筆，愈寫愈停不下來，寫出她的一家之言，不讓六七十年代的崔萬秋、李嘉、樂恕人等當年旅日的前輩作家專美於前也。

良露懂吃，也愛吃，甚至她勇於嘗試各種之吃，故京都吃即使不能處處教人滿意，她仍不斷的訪探，絕不故作挑剔。乃她認定，偉大的古都，即使有吃方面的偏窄與鄉韻，絕不需以現代觀光客之「現代方便」，就一下子將諸多小東西忽略了其原本之土趣。於是，就算「怪怪的」，也值得嘗試。

便是這種熱情，與膽敢，「她把全世界當她的後花園來玩」（朋友之間如此稱她的雋語），而也只有京都，她用下的深情與鑽研，還有多不勝數的一眼看透，幾乎我要說，她才是真正的京都女兒。

《露水京都》編輯室報告

《露水京都》書中的部分篇章，曾收錄在有鹿文化二〇一四年十一月出版之《樂活在天地節奏中：過好日的二十四節氣生活美學》中，做為若干節氣的飲食載記、生活美學之會通。

然而，誠如韓良露所言，京都是一個隨著自然節奏而呼吸吐納之城市，為求在《露水京都》一書中，能以季節流轉的概念貫穿全書，經過審慎思惟之後，有鹿文化決定將這些篇章收錄在本書中，讓讀者能夠藉由韓良露之眼之心，來飽覽千年古都的絕代風華，而運行沛然、一氣呵成。

多年來，韓良露有數場關於京都的重要演講，有鹿文化特別加以整理，而完成了〈我的京都歲月〉以及〈古都物語——府城臺南 vs. 千年京都〉兩篇長文，讀者朋友可從其中感受到韓良露對京都歷史人文的深層理解，以及對這古都無限的熱愛與探究。

作家舒國治之序、韓良露夫婿朱全斌之代後記，一在卷首，一在卷末，有如韓良露京都手卷之引首及跋尾，載記故人之眷戀京都，也見證韓良露此生的生命涵構如京都四季色彩斑斕，無窮止時空中，露水亦如天地感激的淚滴。

目次

卷四 情

卷一

思。

京都流連十二帖

過去三十年，京都雖非我久居之所，卻一直是我流連之地。來去數十餘回，京都仍是我無所事事時最想探訪的城市。在京都，人要閒心要空，才可體會古都之心。《源氏物語》最後有宇治十帖，如今我以京都十二帖記錄我與京都纏綿三十載之情事。

第一帖：「四季情緒」。世上少有城市有京都如此強烈的四季情緒。在一年之中不同的時間前往，立即落入四季的風土詩篇之中。春櫻絢爛如花神降靈，騷亂了京都人保守拘謹之心；夏綠清鮮，修竹透天如仙子下凡，即使天氣躁熱人心依然有禪意清涼；秋楓狂野，紅葉激情演出不遑人間黃昏之戀；冬雪寧靜，古都在雪中立地成佛。

第二帖：「祭典京魂」。若說季節是古都之骨，祭典則是古都之魂。我何其有幸，三十年來痴心與不同的祭典相遇，才識得京魂。一月一日伏見御香宮神社若水祭；二月三日節分祭，八坂神社福鬼撒五色豆；三月涅槃會；四月花供養；五月葵祭；六月竹伐會；七月祇園祭；八月大文字五山送火；九月重陽會；十月時代祭；十一月筆供養；十二月顏見世。我一路觀典，見證了古都一千兩百年的心性，也重拾了中國古代吳越人家與唐宋年代的古禮風流。

第三帖：「賞花情事」。京都處處有賞花名所，花情如瘟疫般四季蔓延。我在京都，識得了不同的花靈：金戒光明寺染井吉野櫻滿天紛飛，嵯峨野三葉躑躅清雅，伏見南宮紫藤幽美，西雲院牡丹大氣，鷹峰菖蒲秀麗，建仁寺梔子冷香，三寶戶寺紫陽花繽紛，水尾柚子花清香，清水寺紅楓燦爛，雲龍院水仙靜雅，三季院山茱萸亮麗，吉丹神社雪柳依依。京都是心之花都，古都人沉靜，花事卻是古都人的潛意識。

第四帖：「禪心宇宙」。京都人用整個城市在坐禪。老建築中留有小小的坪庭，如同心靈的密室。寺院中的枯山水庭園，以極簡涵括天下山水。茶庭清敬和寂，在若有若無之間將自然與茶道天人合一。飄盪的暖簾，在隔與不隔之間，人心不分內外可靜可動。西陣織友禪染見證華麗宇宙，清水燒卻是素樸世界。香道薰人、茶道醒人，京都日常行事處處有禪機。

第五帖：「町家物語」。狹長深邃彷彿鰻魚窩般的傳統町家住宅，仍保留在中京千年來的格子街道中。這些有著高聳木頭橫梁的老宅，隱藏著時光的祕密。在京都羈留久了，才能出入町家，也才真正進入了川端康成《古都》與谷崎潤一郎《細雪》的世界之中。町家保留了京都的舊時光，木格細窗上隱約透出的微光，陳舊硬木地板散發的幽香，帶領我沉入京都的古老爐香中。

第六帖：「老鋪風華」。在京都，沒上兩百年的鋪子都不能稱老，四、五百年的老店仍如活古蹟般日常生活。我有各種藉口欣賞老鋪風華，到兩百多年的村上重本店去買千枚漬，到五百多年的大德寺買納豆，還有茨木屋的古老鱧魚羹、一保堂的典雅玉露茶、本田的西京白味噌、松野的傳統醬油、龜屋良永的御池煎餅……。講究的京都人都會到德本家的老鋪去買貨，也同時買下了珍貴的老時光、舊人情和昔日的歷史與傳統。

第七帖：「古都窗泊」。在京都，一定要住過傳統的日式老旅館，才算有過京都風之宿。就算住不起天價的「柊家」、「俵屋」，也許可以奢侈一下住「近又」，又或者住東本願寺前平價的日式民宿。深夜睡在榻榻米上，聽別的旅人輕手躡腳地走在木板地上叩叩的回音，半夜起床摸著冰涼的木頭門扉上廁所，看見月色映在發黃的窗玻璃上，突然有種感慨，京都一夜恍如千年之夢。

第八帖：「祇園花街」。誰說祇園俗氣，祇園除花見小路觀光客太多外，四周的長街窄巷，仍是人煙稀少的佳處。尤其北祇園白川南通一帶，小橋流水楊柳夾岸，雨中撐油紙傘的藝妓幽然行走。南祇園的建仁寺黃昏寒鴉孤鳴，花街與禪寺咫尺天涯，隨時可悟道。每年七月祇園祭，懷想祇園昔日浴火再生，除夏疫的古樂催眠般喃喃一整個月，祇園原是人間夢鄉。

第九帖：「京遊小路」。在京都流連，自然要不斷地逡巡散步在老城的各條小路上。小路是古都風情所在，先斗町小路在深冬清寂靜默，舊石板路閃爍著幽光，木屋町小路沿著高瀨川的楊柳曳行，永遠吸引著遊人買醉後望水中月聽三弦，寺町小路上有許多古本屋舊書店，滿室陳紙墨香，押小路通附近吃尾張屋的蕎麥麵，姉小路通上看京都文化博物館，錦小路是京都市場，梅小路上有火車公園。還有那些讓人一見名字就想探訪的高倉小路、蛸藥師通、富小路通、綾小路通……，人在京都，不必大道而行，專挑小路迂迴前行，才知京遊韻味。

第十帖：「京藝見世」。京都是日本傳統手工藝之都，這裡的工匠美學不僅是生活美學，亦是社會哲學的基礎。在京都，不能不去河井寬次郎的老宅走走，看看這位推動京都民藝復興運動的大師是如何生活的。再來拜訪傳承了數代至數十代的各個工藝世家：有次是如何做出一把完美的庖丁，一澤的帆布袋有多少縫線，紫織庵如何復興友禪染的精神，唐長的和紙再現唐代美學，鳩居堂有五百多種毛筆，坂田文助的京扇子扇骨傲然，薰玉堂的古法製香，小泉湖南堂的京印章……。在京都，講究的人是不買所謂的名牌，而是老牌，這些老牌靠的是口耳相傳的信賴，而不是消費行銷手腕。當我開始懂得買古老的京都手藝良品後，才算真正踏進京都生活的門檻。

第十一帖：「茶屋酒藏」。京都何其幸運，宇治茶鄉、伏見酒鎮就在京都周邊。人在京都，一定要不時到宇治走走，在宇治川上聽水聲，拜訪幽美的平等院看平湖幻影，到中村藤吉本鋪買定番茶，到《源氏物語》博物館看人形劇。

宇治是優雅的小鎮，一直保持著千年皇家別墅的古風。伏見則以庶民風見長，月桂冠酒藏有三百多年的歷史，走在酒藏的高聳木屋中，讓人想起了電視劇《夏子的酒》。在伏見，有坂本龍馬從小人物變成大英雄的傳奇。宇治是高貴的，伏見卻是粗獷的，不信的話吃一碗玄屋熱騰騰的酒粕拉麵就知道了。

第十二帖：「京都味覺」。京味是專有名詞，代表京都最獨特、纖細、典雅的味覺，京豆腐特別綿密，京蔬菜特別甜美，京蛋捲特別鬆軟，京漬物特別鮮脆，京佃煮特別有味，京茶漬特別豐富。我沉溺在京都味覺三十年，京味不僅是我口舌之味，亦是靈魂之味。世上沒有城市比京都人更重視時令、風土、自慢的精神，從山椒自慢到湯豆腐，從懷石料理到有職料理，從鯖壽司到鮒壽司，從湯葉到麩饅頭，京都之味貫穿歷史時代、季節的時空，是最悠揚的城市味覺行板。

京都之輕

京都的美學，在一「輕」字。

想想看，京都人愛用的隔間暖簾，即一層輕盈，隨風飄曳的布，成了若有若無的內外之隔。

所謂空間，京都人都知道有空才有間，暖簾當然比門有空間。

還有京都人的枯山水，世上還有比這更輕的庭園造景嗎？不過是一些細砂，每日由僧人用竹帚劃出的砂痕，代表了世上變化不斷的水紋、雲紋，一方枯山水風景，卻是宇宙無限。

京都的茶室，崇尚粗簡，茅草蓋屋，人得低頭入屋，斗室中一無所有，才能靜心面對茶道。

茶室之外，粗疏的竹架搭起的圍籬，園裡園外一無分別，完全不必標榜自身的存在。

京都還有許多古老的町家，至今仍用和紙貼木窗，如此細薄的一張紙，隨著風光水氣呼吸，隨著歲月剝落後再換一張紙，一切還諸自然。

町家的榻榻米，是可以跟著季節冷暖自如的地鋪，剛裝好的鋪榻，帶著新草的香氣，用久時有歲月的沉香。換地鋪時，是連女人都可以搬動的重量，何必像大理石、磁磚那般天長地久金石不移呢？

在榻榻米上睡眠，只用棉被鋪成臥榻即可，輕盈柔軟的一方被床，晚鋪早收多好，不像西式的彈簧床，多少鋼絲想了就累。

洗浴時用的檜木浴桶，也可到處移動，如有院子，春天櫻花開時，還可以在花吹雪時，置浴桶於花下，泡個落花流水澡。秋天時，把浴桶收回室內，在熱水中放入幾顆季節的新柚，泡起清香的柚子澡。

京都古典女人仍有夏日搖京扇子的風俗，輕輕搖晃的和紙扇，當然比開著呼呼的冷氣機風雅許多。夏季浴衣日時，穿著輕薄的浴衣到河原町看煙火，紙扇飄搖時暗香流動。

京都人亦有輕盈之聽覺，町家窗前仍掛著木製風鈴，恍惚聽著風聲，院中浴廁旁的水琴窟，叮咚的水滴聲打在石上，涓滴流水靜在心頭。深冬室內燒起火爐，柴火燃燒之嘶嘶聲在冬夜迂迴。夏日祇園祭時，四条通上每個店家都放著低吟的古樂吟頌。

京都人吃輕吃巧，茶道講究抹茶打出的輕柔泡沫，茶懷石料理是輕食的元祖，京都禪寺的湯豆腐更是吃輕之大境界，一方黑昆布煮一方白豆腐，如同飲食中的水墨畫。各種輕巧精緻的和菓子，用盡心思揉捏出四季風情，吃在嘴中仍是簡單的米糖豆。

京都人知道虛幻最美也最輕，夏日的五山送火，在萬目睽睽之中，用火光送走夏日。螢火茶會、燈籠流、夏日煙火，都以虛幻收場。

春櫻秋楓，亦是華麗的幻影，京都人知道人生很輕，生命不過是偶而到地球上散了一會步，如有哲學之道的省思，也就值得一回了。

京都夢華錄

特別參觀京都御所時，看見供皇族讀書之處旁的空地上立有一木牌「蹴鞠之庭」，同行者不知其意，讀過《東京夢華錄》的我只好充內行地說，蹴鞠乃唐宋時流行的戶外運動，套今天的說法即蹋足球。京都在平安時代也從中國引進這種運動，在今日「京都文化博物館」中亦收藏了古代的「鞠」——皮革做成的皮球。

《東京夢華錄》寫於西元一一四七年，當時距北宋亡國已二十年。作者孟元老藉此書追憶人間天堂北宋東京（河南開封）的往日繁華夢幻。

北宋年間，日本京都和中國往來仍密，因此今日京都的慶典、民俗中都可見到許多北宋的流行語，但這些用語卻在中國消失或隱而不用了。像我這麼一個有著老靈魂的旅人，往往最愛挖掘今昔之間的幽靈。整本《東京夢華錄》，因此可以用來當成「京都夢華錄」的異國靈魂指南了。

在京都，生魚片不是沙西米，而是古名「鮓」，但鮓是醃漬過的生魚片，非江戶前的新鮮生魚。京都人最喜歡的鮓是鯖魚，在江戶前壽司中鯖魚並非高價魚，但鯖魚的等級如同鮪魚分好幾等，京都講究的鯖壽司老鋪四片要價台幣一千兩百元，但好吃得沒齒難忘。

今日京都街面上仍掛有「陰陽師」的招牌，即專門幫人看風水占卜收驚的道士行業。陰陽師從平安年代起即為京都人所信服，《東京夢華錄》中亦記有「陰陽人」之職，但今日陰陽人變成男女不分之人，按照古禮，陰陽人其實是尊稱，可以看穿陰陽兩界。

京都茶懷石中，一定存一道煮物「椀」，椀即碗，但《東京夢華錄》中亦稱椀，與碗有可不同？椀是漆器製成，因此從木字旁，京都講究人家日常食事著案（亦是宋代古語）中，多用漆器，也是從古禮。也因此，京都的角屋，即妓屋，筷子稱箸，果子、饅頭等等，都是《東京夢華錄》中的用語。

京都的慶典中，亦有許多唐宋古禮。如立春前一日的節分祭，要行鞭春牛，追儺的儀式，分送驅鬼除疫的五色豆。而寒食——清明吃冷食，也仍見於今日，但中國人卻成了不可一日不熱食的民族了（難道是受元與清代游牧民族的影響嗎？）。十月一日的暖爐會、十一月三日的曲水宴、一月一日的若水祭等等，都是中國的禮失而求諸野了。

捧著《東京夢華錄》一書，可在京都玩認漢字的遊戲，許多不用、少見的古字又復活了，例如舡（淺底船）、朱紅杈子（阻攔人馬通行的交叉木架，而朱紅非紅色，是橘色）、幞頭（以頭巾包覆頭髮，宋代流行的冠帽，亦常見於京都的古老料亭中）、値（價格）、鱠（魚肉細切）、旆（以旗幟做店招）、肉案（肉攤）、檐（木擔）、春幡（立春時以絹製成的小旗幟）、詣（「前往」之意）、紺（天青色）、勒帛（腰帶）、跣足（赤腳）、杵（短棒）等等，以上這些漢字均可見於《東京夢華錄》。

我在京都尋唐宋之古，在上海找西洋人遺風，在北京察胡人影響，玩的都是世界文化混血拼圖的旅行遊戲。因爲，我也許是生生世世輪迴數千年的時空旅人，總想辨識流轉於不同時空之間的地域與文化的歷史鄉愁。

楊貴妃的鬍子

即使常常去京都旅行，我仍然偶爾會去參加由京都觀光社舉辦的旅行團，尤其在冬天觀光客較少時，觀光社都會推出不同寺院的「特別拜觀」。這些平常不對外開放的某寺院的方丈、庭院、佛像、收藏等等，不僅可吸引舊雨新知，連有的京都本地人，也會參加某些難得見到的「特別拜觀」。

京都的泉涌寺，我是去過的，因爲這裡有一座楊貴妃的觀音堂，供奉了一座由唐玄宗命人按著楊貴妃模樣打造的觀音像，在西元一二五五年由湛海律師迎請至日本。

日本民間一直有個傳說，即楊貴妃並未眞正死在馬嵬坡，死者是替身，眞的楊貴妃早就偷偷逃到日本去了。傳說其實未必等於虛構，也許反而是未經證實的歷史斷片，像荷馬的史詩，以前總被認爲是傳說，如果不是考古證實眞的有特洛伊城的存在，世人根本不會相信傳說或許是隱藏的歷史。

這回參加了冬日泉涌寺特別拜觀，才看到泉涌寺內專門祭祀歷代皇族靈位的佛堂，其中供有專爲皇族護身的佛像。

泉涌寺中尚有二十五座陵寢，從四条天皇、後水尾天皇、仁孝天皇等皇族都葬在此，這裡也成爲皇室祭祀先祖之處，也因此泉涌寺被封爲御寺。

這麼神聖的地方，爲什麼要特別爲唐代的貴妃設觀音堂呢？這一直是個讓我困惑的問題，但這回在小雪中參觀泉涌寺，我卻靈機一動，想到了個可能性。

在楊貴妃觀音堂中，許多人會對楊貴妃的觀音像百思不解，就是爲什麼楊貴妃有鬍子，不僅上唇有鬍髭，下巴上也有明顯的鬍渣。

我突然想到，爲什麼沒有人想過楊貴妃或許是陰陽人，或許是扮裝的男兒身女人像？

中國歷史上對唐玄宗和楊貴妃之間「偉大」的愛情一直大力傳頌成「此情只應天上有」的浪漫情愛，會不會唐玄宗有特殊的性癖好，只有楊貴妃才能夠滿足他？也因此唐玄宗才會獨寵楊貴妃，而冷落後宮三千佳麗，因爲楊貴妃不是普通女人哪！

中國歷史上寵妃的皇帝何其多，偏偏楊貴妃要被打成「妖孽」，有可能是唐玄宗身邊的臣子也知道這個假鳳虛凰的祕密，覺得與天倫不合，才怪罪賜死楊貴妃，眞正的原因恐怕比外戚當權更說不出口。

但楊貴妃眞的會束手無策被判死嗎？現在的經濟罪犯都知道要潛逃出境，當年又是中國和日本遣唐使來往甚密的年代，中日之間的交通管道早有，也因此楊貴妃要潛逃也並非不可能。更何況如果她索性不扮裝了，留上鬍子，扮成僧人，以男兒身離開，絕沒有人會猜出她是誰。

而到了日本的楊貴妃，一定會被待之以禮，也許還和日本的皇親有特殊關係，否則爲什麼祭祀天皇先祖，如此神聖的泉涌寺中，會去供奉一個外來的貴妃呢？

也許唐玄宗知道貴妃根本沒死，但也從此回不了中國了，日夜思念她的唐明皇，想的可是見不著的活人，而非死人，這種思念是更苦的，因此在《長生殿》中哭得死去活來的唐明皇，才會如此逼眞地覺得楊貴妃可以與他相見，因爲楊貴妃還在世啊。

這個想像的故事，是否比我們的信史更接近唐玄宗和楊貴妃故事的內在眞相呢？

京都的臉

年輕朋友去京都旅行，在三条通上一家專賣設計師的創意商店中閒逛，突然看到店中的女設計師正在爲客人解說自己的作品。年輕朋友一看到她，忽然有五雷轟頂之感，當下呆立如木頭人。清醒過來後，這位一向素稱羞澀宅男者，居然敢鼓起勇氣向陌生女子搭訕，還提出請對方喝咖啡的要求，而這位京都女子竟然也答應了。

這位宅男告訴這位女生，說他一看到她就覺得很熟悉，如此老套的說詞，彷彿輕浮男子的口頭禪，沒想到京都女子說她也有同樣的感覺，還跟他約了第二天見面，說要帶他去一個她看到他時想到的地方。

第二天，京都女子帶臺灣宅男花了三千多日幣，坐計程車到京都郊外一個叫「將軍塚」的地方。這裡不是一般觀光導覽會去的地方，好在是女生帶男生去，如果是陌生男人帶陌生女人去，恐怕會是十分令人擔憂的遭遇。

原本陌生的男子和女子來到了將軍塚，在墓前兩人都有種奇怪的感覺，男子說他有種想哭的感覺，他看著京都女人，突然明白他們倆是什麼樣的關係。

男子記起了他小時候常常做的夢，夢中他是個年輕的武士，有一回他被派去保護幕府將軍的年輕的愛妾返鄉，在旅途中兩個年輕人不禁互相愛戀起對方，但他們都克制著自己，不要違反倫常，但就在快要抵達京都的最後一晚，在北山附近的村莊，武士和將軍的愛妾終於忍不住在茂盛的杉木林中發生了關係。

回到了京都，武士和將軍愛妾再也無法見面了，傷心的武士選擇在北山的杉木林中結束了生命。奇妙的是，男子喪命的所在，不到一年後竟然成爲年老將軍下葬處，將軍的愛妾幾乎天天都去將軍塚上墳，世人都對她思慕亡夫的舉動非常讚歎，卻沒有人知道她其實思慕的是早逝的武士。

回到了京都城裡，男子向女子坦白說他愛上了她，女子卻說他已經有了丈夫，就跟前世一樣，他依然來晚了一步。

男子說這是什麼時代了，兩個人如果眞的願意在一起，那裡需要在乎婚姻的約束。女人說上輩子她在精神和肉體上都曾經背叛過她的丈夫，這輩子她不願意再背叛，因此她拒絕了男子的示愛，但她卻表示很高興遇見他，因爲只有再見到他，她才能眞正切斷兩人之間的無形牽絆。她還說，她小時候常常夢見一個模糊的面影，而在昨天第一次看到他的臉時，才驚訝地發現她看清楚了夢中的那張臉。

男子回到了臺灣，如今換成他常常想起女子的臉。他寄去許多的電子郵件，卻始終得不到女子的回應。他知道此生依然無緣，但他爲什麼非得憶起這張前世的臉呢？沒去京都前，他不過是個寂寞的宅男，如今他卻變成更加寂寞而且還傷心不已的宅男。

宅男希望自己可以忘記京都的那張臉，但臉卻如影隨形地出現在他的白日夢和夜晚的夢中。宅男決定在電腦上創造出一個虛擬女人，完全用京都女人的形象打造，當電腦上出現如眞似幻的京都女精靈時，宅男卻神祕失蹤了。沒有人知道他去了哪裡，只是人在京都的女人卻發現她的夢中又再度出現了臺灣宅男的臉。

巻二

味。

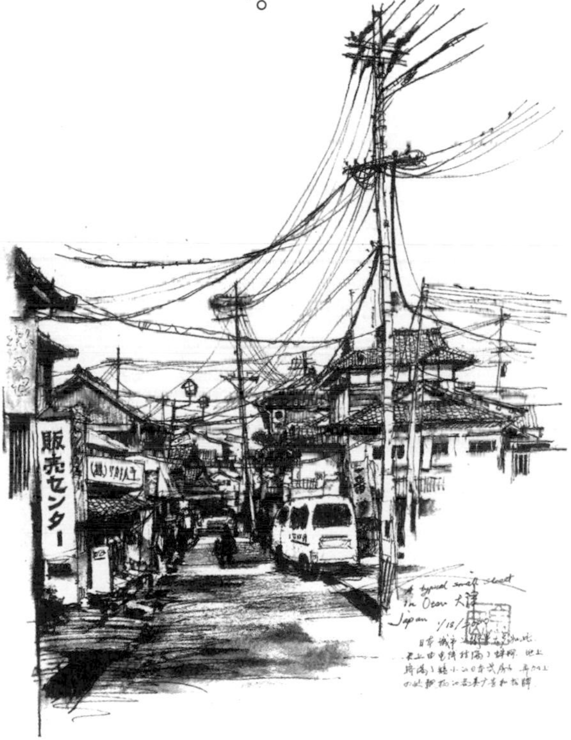

在京都喝葡萄酒

今年（二〇一一）到京都賞櫻，雖然日本東北遭逢大不幸，觀光客銳減四分之三，關西的觀光部門呼籲旅客不要因此卻步，畢竟登臨觀光亦是支持當地人民的一種方式。

京都的櫻花仍然如往日一般絕美，尤其在天地災變發生之後，更覺得人生諸法無常，櫻花短暫的絢爛，就跟生命的華美般脆弱，才看了盛櫻不到三、四天，一陣風來就落下了櫻吹雪，掉進了高瀨川下的溪流有如花瓣小舟般，落花流水如逝水年華。一起賞櫻的日本朋友說今年賞櫻更覺得美景珍貴，好好活著就是對人生悲劇的最好抵抗啊！

賞櫻花期總脫離不了喝酒，有個朋友在京都從事葡萄酒業，今年和他一起喝了不少葡萄酒，也吃了不少西式料理。世人一向知道京料理的細膩優雅，這種京都人特別的口感，不只表現在日本傳統料理上，連製作西式料理也有其獨特之處。京都的西式料理，不管是英式三明治、義大利麵、法式燴牛肉、玉米湯等等，都做得特別的清淡、溫和、細膩。京都人做西餐，不是求道地，而是要做出京都人的標準口味，也因此最後做出的西式料理，成了世上僅有的京都式義大利菜、京都式法國菜。

我當然喜歡在義大利或在法國吃到的料理，但我也喜歡在京都吃到的「改良式」義大利料理和法國菜。京都人不喜歡大蒜，也不喜歡過重的口味，京都的義大利菜吃來彷彿京料裡的堂姊妹。京都有幾家歐陸料理，還開在傳統的町家鰻窩住宅內，還可以用筷子吃歐陸料理，而這些年最講究的歐陸料理，都是用在地種植的京野菜爲食材。

因爲京都式的西式料理口味清淡柔和，我也發現當地人對葡萄酒也發展出自己的口味主張，和一般法國人、義大利人的口味喜好不同。其實這並不稀奇，本來每個地區的葡萄酒口味就和當地的鄉土料理有關，像英國人愛喝的 Claret 波爾多紅酒就和法國布根地紅酒的口味不同，典型的義大利人也絕不會用法國酒來配義大利料理。一般說來，地酒配地食，都是指特別適合當地鄉土料理的葡萄品種，像慣吃野味的地區，一定會喜歡強勁濃烈的葡萄品種，例如希哈（Shiraz）種。

這回在京都品嚐了不少京都朋友推薦的口味配當地的菜餚，使我對幾種葡萄品種有了嶄新的認識，像梅洛（Merlot）葡萄，一般喝慣波爾多紅酒的人，可能都不太看重用來調配、平衡卡本內蘇維翁（Cabernet Sauvignon）口味的梅洛，但我的京都朋友卻相當推薦口感飽實滑順、單寧味較柔軟，又容易入喉的純梅洛葡萄釀製的紅酒。長野縣就生產了很受日本人歡迎的梅洛紅酒，的確，用來搭配日本和牛及小牛肉特別適合。梅洛葡萄輕柔溫和的藍莓和李子果香，用來搭配京都西式料理，顯出了高雅的滋味，但配傳統的法國料理卻有些輕浮。

另外，這回京都朋友也讓我認識了之前我很不熟悉的維歐尼涅（Viognier）白葡萄品種。這種葡萄充滿了杏桃、白桃與荔枝的香氣，特別適合京都的西式料理和傳統京料理，尤其是配螃蟹、鮮蝦、白燒鰻魚或燒烤雞肉、豬肉等食物。我後來發現，這種葡萄也是法國羅瓦爾河谷愛用的葡萄種之一。的確，我在被法國人稱爲皇家河谷的羅瓦爾河一帶旅行時，就覺得當地食物的口味特別優雅、清淡，當地人說那是因爲他們幾百年來受皇家的薰染，這點和京都千年來在天子腳下的道理相通。維歐尼涅的白酒也十分適合搭配有柑橘味的烤肉和沙拉，對喜愛柑橘調味的日本人而言，這款白酒確實比夏多內白酒適合。從前我吃日本菜，都愛用麗絲琳（Riesling）或白蘇維翁（Sauvignon Blanc）搭配，未來，就可以選用新認識的維歐尼涅白酒了。

中國地大物博，有豐富的地方菜系，也有歷史悠久的上海式西餐、哈爾濱式白俄菜、粵式、港式西餐，這些獨特的食物口味都應當培養出自己的葡萄酒口味主張，而非一味地因循國際品酒專家的意見。有的葡萄酒專家也許只熟悉法國菜、義大利菜，他們的意見能全部充數來搭配世界各地的鄉土料理嗎？

京都四季懷石料理

京都的懷石料理，是一縷幽香、一輪新月、一壼剛沏好的春茶；我在京都品賞懷石料理，常常感歎天地之妙，竟在四季之中，賜給人類這麼多的美好滋味……。

在十六世紀的日本桃山時代，茶道宗師千利休大力推廣「和、敬、清、寂」的茶道文化，但因空腹直接飲用發酵度十分淺輕的抹茶，很容易造成胃的不適，他於是想到了在用茶之前吃些茶食。

但這些茶食只宜小塡胃，絕不能飽腹，因爲之後的正事是品茶，這可是要跪坐在榻榻米上好幾個小時的事，飽腹是絕對不耐久坐的，再加上品抹茶時，需要很敏感的味蕾及專注的心思，因此茶食宜清淡，絕不可奪茶之味。

千利休創出一汁三菜的懷石料理，取名「懷石」，用典甚雅，乃因有些在修行中的禪宗和尙，爲了止飢，會把石塊溫熱後，置於腹上，以減少腹中的空寂感。

懷石止飢。爲了修行，懷石在此，取代了眞正的食物，強調精神的力量，象徵取代實用。懷石料理由此出典，自然延續著這種象徵主義的作風，以空的境界、留白的韻味來布陳食物的手法，就彷彿宋人的山水畫中，在空間大量留白的畫風。

記得我第一次去京都旅行時，在龍安寺的方丈庭院，看著室町時代留下的枯山水，細紋白砂上，散落著幾塊島狀的灰石，如此簡單，如此空靈，但意思卻是天地無限。

當天晚上，我去了朋友代訂的「瓢亭」料亭，晚間吃的就是正統的懷石料理。由於那時正是四月早春時分，當晚的主食是春筍，朋友告訴我，京都洛西一帶盛產孟宗竹，講究的食家吃的是一早去採挖的朝掘筍，滋味特別清香鮮嫩。朋友說，「瓢亭」精心準備的筍御飯，一吃就知道是朝掘筍。

懷石料理的分量極少，跟近代中國人團圓飯的概念正好相反。懷石尚「空」，如一輪新月掛在枯枝頭，雖冷清，但月意幽遠；中國人的團圓飯尚

「滿」，要像圓月般豐滿完全。

吃中國飯，大口吃菜大塊吃肉，飽足後，也就解脫了——從中國歷史上無數的飢荒與動亂的憂慮與恐慌中解脫。因此，食物要「滿」，來填滿腹中、心底的不安全感。

懷石料理卻是修道人的食物，食物只是人和天地對話的媒介，而非阻隔，一點點食物，讓人懷想春風秋月夏綠冬雪。懷石料理也講究食物的原始本色，時令和季節感是食材的靈魂，小小口的懷石食材，要吃得出季節的律動。

在京都，每個月都有當令食材，講究的料亭及茶屋都會以當月食材做主題，例如深冬一月吃雜煮大根，吃的是冬眠土地蘊藏在大根中的元氣。二月吃胡蘿蔔煮大豆和甜菜，吃的也是冬藏的力量。三月，大地逐漸回春，京都人喜歡在此時節吃五目飯，有香菇、蓮藕片、木芽、青豆、豆腐麩皮等，再配上一碗豆腐丸子湯，讓這些精進的食物來調整身體由冬入春的生息變化。四月，季節正式入春，早春再加上當日朝掘的新筍，宣告著大地新生的開始，人體也需要新筍的精氣來觸動血脈。筍料理中，最怡人的是香椿木芽拌新筍，每一口都可以吃得到季節的香氣。

五月是京都大祭葵祭的時節，這時，天氣已經有了輕微的暑氣，京都人喜歡在此時吃鮎魚（香魚），簡單鹽烤，配上五月菖蒲包的長粽。六月入暑，京都人在此時用加茂盛產的茄子做成茄子田樂（味噌燒），據說有避暑之效，而京都有名的涼點水無月也在此時上市，冰冰涼涼的三角形糯米紅豆，既清暑又添精力。七月是京都祇園祭，也是吃溪澗野生鱸魚的季節，鱸魚可冰涼了生吃，再沾上當令的青梅做成的梅干醬油，清涼開胃退暑氣。

八月暑熱當頭，用高野豆腐製成的冷奴（冷豆腐）特別對味，加上簡單的小黃瓜壽司，再吃一些離京都不遠的奈良漬物，配上一碗豆腐湯葉（第一層腐皮）製成的清湯，是京都人的盛夏美味，又清淡又素樸，剛好一洗京都盆地的爆熱。九月是秋刀魚、秋葵的季節，鹽烤秋刀、秋葵，再配上微溫的清酒，看著嵯峨野一帶的秋芒紛飛，才警覺到早秋已經翩翩來到。一年容易又入秋，如今已中年的我，吃著秋刀微苦的滋味，才忽地懂得了我的京都朋友說「秋刀是生命秋天的味覺」的眞義了。

十月，秋華的香氣飄散在洛北山林間，熱愛秋茸的京都人等了一年，又到了可以在土瓶蒸內放上新鮮而非乾燥的秋茸的時候。我和朋友坐在位於東山附近的「菊乃井」料亭，吃著加了秋茸的御飯和土瓶蒸，沉醉在秋茸無與倫比的香氣之中。朋友說，秋茸的香是大地豐收的滋味，全化成一縷幽香了。

十一月到京都時，絕不可錯過京都人最愛的壬生菜。壬生菜是京都特有的蔬菜，吃起來有薺菜的口感。十一月也是甘鯛（馬頭魚）當令的時節，不管是燒烤或荒焚煮都非常美味。十一月京都也盛產芋，用京都芋做成的芋餅，在京都和菓子老鋪熱賣中。

十二月，入冬了，京都街上的銀杏樹都結滿了可食的銀杏果。銀杏燒烤或蒸煮是冬令聖品，在冬天的御飯放入銀杏、百合根和柚皮，都是大地冷冽清新的滋味。冬至吃蒸煮南瓜是京都人的習俗，也有回補元氣之說。

我在京都品遊懷石之道的味覺，常常感歎天地之妙，在四季風土中，賜給人類這麼多美好的滋味。但若想要品嚐眞味，一定要先有知物、惜物之心，懂得季節輪動、萬物消長的旋律，才吃得到四季的滋味，而這些懷石料理小盤小盅小碗小碟，所盛載的食物就如日本人所云：是用心做的菜啊！

在京都品嚐四季懷石料理，除了食材的變化之外，環境的變化也是京都人重視的生活美學。我何其有幸，曾被朋友帶至她的祖傳大宅，在庭園裡花吹雪的吉野櫻下，吃春天的櫻花懷石料理。用鹽醃過的櫻瓣製成微鹹幽香的櫻茶為開端，配上用新鮮艾草及醋拌過的加納生魚以及用櫻花酒和春筍一起蒸的煮物，再加上以櫻花、青豆一起煮的御飯，最後是櫻葉托著做成櫻花式樣的京菓子。

夏天的懷石料理中，我最難忘的是鴨川納涼床。京都人喜愛在夏天的黃昏，在鴨川沿岸的禊川布置露天的涼席，一邊聽著川流水動聲，一邊品嚐夏季的味覺風土。如果遇上大文字火燒山的節慶，整條鴨川上的納涼床更是座無虛席。有時，納涼床並不放在川邊，而是放在川上平台，我的京都朋友就曾體驗過瀑布急流在腳下，一面吃東西一面還被水花輕濺的納涼床。我在鴨川納涼床上的那一晚，吃的是鹽烤的夏季鮎魚，配上透明的冷酒，還有山椒炊飯及新鮮的牛蒡漬物。

品嚐秋天的懷石料理時，最宜選擇一間古老的茶屋，一邊觀楓一邊品食。京都觀楓的最好地點是嵐山及嵯峨野一帶。嵐山有一家名喚「鮎茶屋」的茶屋，有四百年的歷史，夏天的鮎料理和秋天的菇料理都十分出名。我在這間古意深遠的茶屋吃到了用椎茸、玉覃及秋茸一起烹煮的御飯，還吃到被稱爲「供月」的鹽煮芋頭、大豆、栗子等美味，甜點則是在楓葉上放置做成錦菊式樣的京菓子。

冬天落大雪時，京都美得如同化境，南禪寺中的「奧丹」茶屋，用炭爐燒煮的湯豆腐料理充滿了禪意。一大方塊京都好山好水的豆腐，放在昆布清湯中熬煮，吃時，只薄沾醬油、蔥花、五味粉。在大雪中，滾熱的豆腐在胃中慢慢化開，悠悠地品嚐世間眞味。

京都的四季懷石風土味覺，是一縷幽香、一輪新月、一壺剛沏好的春茶，滋味雖淺，情意卻十分悠長。

我從初識京都之味，迄今已三十載，歲月悠悠伴隨著歲時滋味一路走來，我對京都之味的迷戀，卻如老井情深般愈來愈幽邃。

一直想抽個一年光陰，好好地在京都散心過日子，讓每月每季的清雅山水風土滋味，洗去我平日在塵世的煩囂，到底這個願望何時可以成真呢？

京都風流春味

常常去京都，總選在不同的時節，遺憾不能與京都一年到頭日日相守，只好化成三十年痴心經常問候，年年季季旬旬幾十回的長短相處，也算嚐遍京都的四季月令旬日的變化。

今年到京都賞櫻，來時就知道遲了，一是今年花期早，才三月二十幾日京都竟然櫻姿早現，再來自己也晚到，平常我們再晚去京都探櫻總晚不過四月初，但今年台北潤餅節春宴也辦得晚，拖到了清明後才抽得出空到京都，一到見著的櫻樹大多已是殘花新芽。身旁的人說殘花真掃興，我卻安慰說爲什麼不看枝頭新綠呢？花敗故可惜，何不珍惜新葉？

從前不曾在清明前後的時節來到京都，發現了不少旬味，例如新摘新焙的玉露茶剛上市，細嫩的芽茶泡好的茶湯，散發著春日溫柔的香氣。在京都料亭紫野和久傳吃到了用蕗製作的葛燒豆糕，吃時心頭一陣狂喜，身邊伴不解問我「蕗」是什麼？哎呀！每年舉辦春天潤餅節時，我都會說起潤餅的前世春盤中要包五辛，何謂五辛，即蔥、蒜、韭、蕗、苔，都是可幫助身體順著天地大宇宙還陽的香辛植物。蕗即蕎頭的莖，在台灣已少見人入菜，沒想到京都人在清明時還會用來做菓子，眞不虧料亭老鋪，取名「和久傳」，即和的飲食傳統要傳承久久，但想到和的傳統大都上承華夏文明，只可惜原鄉卻已禮失求諸野了。

京都人對發源於四川的山椒特別偏愛，一年四季都吃不同的山椒味。春天猶鍾情山椒的嫩芽木之芽，在美濃幸茶室吃茶箱弁當，強肴前菜中有筍、若布、木之芽，燒物中亦有木之芽燒甘鯛，焚合小中用蕗和木之芽紅燒白魚和章魚，眞是春日風流懷石。

春天也是新筍、菜之花的季節，錦小路市場內的漬物老鋪端出了各種淺漬的若筍、菜之花，都是春天躍動的鮮味。當然，京料理的料亭家家不忘蒸新筍湯葉、煮菜之花白味噌湯。京都人不僅在櫻樹上看到新綠，也在碗裡喝下了新綠。

春天的京野菜清新翠綠，在深夜的居酒屋中吃春日炭烤的鮮綠九蔥，讓春夜更加清爽怡人。走回旅館的路上，街燈下的櫻花在風中如吹雪落下，只見樹上的綠精靈晶晶亮亮，今年賞櫻雖不若往年繁花盛放，卻因此看到、也吃到了春天的綠意盎然。

眞味只是淡

我對京都情有獨鍾，每年至少要去上一回，春夏冬四季皆宜。去多了，我的京都行事曆不以季節分，而以旬別。懂得京都旬味者知道此意，京都人最重視旬味，說世上每樣食材，在一年之中都有最美好的當令一旬十日美味。

每回到京都，一定先去錦小路市場走走，看看時令的蔬果魚鮮正在攤上花枝招展，正月擺滿了漂亮的大根，四月堆放著朝掘筍，五月的野生鮎魚初熟，七月冰涼的梅汁鱧魚是京都人的夏日風物詩，九月可以買一些銀杏、百合和柚皮放入土瓶蒸裡，十月空氣裡飄散著鹽烤秋茸的香氣，十一月慢慢煮一鍋大豆，十二月醃好的千枚漬吃得出溫柔。

在我走過的數百城市中，沒有他城比京都更具季節感。日本人稱此種意識爲「季感心」。京都人仍然活在季節的小宇宙中，地上的食物是人們連結小宇宙的天線，如此天地人合一的美味讓我著迷了三十年。

京都人不尙浮華流行，沒人追逐米其林星級料理，老鋪料亭自在人心，不需媒體食家眾聲喧譁，不管吃的是京都中村樓的茶懷石、瓢亭的朝粥、嵐山鮎茶屋的土鍋御飯、南禪寺奧丹的湯豆腐，吃的都是數百年老鋪莊重又低調的傳統，也是人對天地食材謙虛相應的情懷。

京都的食物也喚起了我天性中最深邃的內在。平日並不拒絕濃味的我，在京都卻深深傾心於麩嘉淡而有勁的生麩滋味。下鴨神社旁的花折清爽甘美的鯖壽司也成爲我的懸念。森嘉、湯正的腐衣湯葉如豆的初心讓我念茲在茲。西利的京漬物懷石全席，吃的全是各種漬物，卻比滿漢全席更牽動我心魂。我本非修道參禪人，對京都的食物卻起了敬拜之心，彷彿因京都食物的和敬清寂，讓我的身體與靈魂更純淨了。

今年五月再返京都，主要爲參加上賀茂神社的葵祭與吃葵餅。如今，神社正大力推廣失落之葵復原計畫，葵只能長在極清淨的空氣與水質之中，此計畫可稱京都人的葵心療癒。

日人極喜愛中國明代之書《菜根譚》，書云：「醲肥辛甘非眞味，眞味只是淡；神奇卓異非至人，至人只是常。」我仍愚鈍，只因與京都結食緣，略識眞味只是淡之道，但尚未通解至人只是常之理。

京都尋夏慢味

小暑時分，至京都小遊數日。行前才剛到台北植物園看過盛開的蓮花與謝落的菖蒲，來到京都卻看到平安神宮滿開的菖蒲與南禪寺天授庵正在綻放中的白蓮，深刻地感受到亞熱帶與溫帶氣候不同的步調。

京都夏日滋味，一定有京都方圓五十里內的風土產物，加茂的紫色圓茄，可切片氽燙後涼拌吃，也可塗抹白味噌烤成田樂。

京都夏慢味中還有萬願寺的青椒，居酒屋中沾薄醬油串烤，或輕油小火炸成天婦羅沾昆布鹽吃。

夏日也是吃生麩、生湯葉的好時節，生麩加上抹茶末揉製，口感柔軟清涼，吃了暑氣頓消。生湯葉是僧人的刺身，沾一點新鮮山葵末和純釀醬油，薄如羽翼的豆皮一層一層入口，彷彿與舌輕吻，吃來全神貫注。

京都產好水，自然產好豆腐，到南禪寺奧丹，可叫湯豆腐膳，也可叫冷奴膳，都是簡單清雅之味。豆腐沾山椒粉、青蔥、醬油、配上抹著山葵味噌烤的豆腐田樂，再來一碗白飯和漬物。

夏日京野菜淺漬，最當令的當然是加茂圓茄淺漬，還有四葉胡瓜淺漬、夏南瓜淺漬、小番茄淺漬，都是清爽宜人的夏日風味，只要配上一碗新米炊成的白飯，再喝一碗加了少許山葵醬的白味噌湯，就是夏日正午消暑之餐。到了黃昏夕陽下山後，用這些淺漬沾上少許麵衣輕炸成天婦羅，又有另番滋味。

京都夏日有四種旬魚風味，一是早夏新綠的鰹魚，只在外皮燒烤微焦後帶皮生吃，是不同於生魚片的燒霜作滋味，有夏日烈陽的炙烤氣息，這種風味連俳人芭蕉都歌頌過。

第二種是若狹八十八道的鯖魚，京都人講究吃的是真鯖，經過一夜昆布醋漬，吃來有股高雅的味道，價格雖然不菲，但京都人本來吃就不貪多，老鋪花折的鯖壽司一份才三片，價格卻要一千七百日圓，但吃後滋味長駐心中。

第三種季節魚是若鮎，即夏日新上市的鮎。京都人愛惜溪川，至今仍有野生的川鮎可吃，野生鮎極愛乾淨，愛吃溪底的青苔，才會有種清淡的香氣，也因此俗稱香魚。

第四種魚是鱧魚，形似鰻魚，身分卻大大不同。鱧魚是立夏祭祀用魚，最好的吃法是氽燙後沾梅醬吃。此魚也是中國古代的祭祀魚，不知爲何在中國失蹤。

日人叫六月水無月，京都處處可見水無月的京菓子，還有各種配合夏日地景心象的京菓子，如做成菖蒲、紫陽花、若鮎形狀，以及擬竹林、荷池、煙火景象的京菓子，把天地風光吃入口中。

倘佯在京都夏日慢味中，感受天地人與節氣時令的變化，一起隨著自然的節奏生活著，這一趟京都小行，眞是靜心禪意的慢旅啊！

京漬物懷石

盛夏遊京都，盆地酷暑當頭，好在京都市內市外多古寺，林木蔭天，讓人心境爲之一涼。

京都人講究季節旬味，夏日亦有不少清涼食，如盛在漆器黑碗中，用冰水鎮涼的透明葛切。我們坐在鍵善良房的茶室中，耳邊響著是七月祇園祭恍若催眠般的驅夏疫之音。食葛切是唐人古風，京都人歷千年而不改此一傳統滋味。

炎夏京都人亦愛吃清淡的漬物。漬物大概是人類最古老的食物，京都人一年四季均有當令的蔬果漬，惟夏季最喜吃淺漬。淺漬從一夜漬到七夜漬均有，滋味由淺入深，各有各的風味；中期漬則是數月之熟成風味，宜春秋；多年漬則是時間變幻的老熟味道，像三年的奈良漬，則宜冬日苦寒時細細品味。

漬物一年四季皆宜，夏季吃來尤其清心開胃。京都有一知名漬物商家「西利」，推出了京漬物懷石。懷石本出家僧人打坐時，置溫石於腹上以耐飢，茶道宗師千利休引其典，設計出茶會的懷石料理，讓一汁三菜的茶食，達成懷石之效，以免參與茶會的道人腹中空空，喝下太多抹茶傷胃。懷石料理暗指不必吃太飽的一餐，滋味亦不可太繁複，以免奪去品茶之正味，懷石料理是修道人的禪心之食。

如果說冬季最好的禪心之食是京都的湯豆腐，夏季則推漬物懷石了，西利的漬物懷石是新派懷石大餐，有一汁七菜。

在祇園祭稚兒社參的那個黃昏，看完了一群著唐衣、整臉塗白、戴皇帽、騎白馬的幼童行過鴨川四条大橋，橋上綁著竹枝竹葉迎風吹拂，西邊的晚霞映天，禊川上納涼床的燈籠亮起，我和外子全斌來到位於祇園的西利，滿心期盼地品嚐京漬物懷石。

最先上的是懷石料理的開胃菜「先付」：四小碟小菜都是漬物拌菜，醃過的生脆小黃瓜拌上赤味噌醬、切成細條的生大根淺漬拌著飄香的柚子醋、芥藍菜心切碎用鹽略醃後拌上京都白味噌、切成薄片的聖護院蘿蔔拌著山椒醬。

這四道小菜皆有十分端正清雅的風味，讓人一吃就定下了心，沒想到這些小開胃菜竟有助人禪定之效。之後上來的是前菜「向付」：幽美的唐草方盤上擺著三片冰涼湯葉，上有五粒醃山椒實。此湯葉若素的生魚片，沾著醬油吃。京都水質好，森嘉、順正等處的豆腐製品皆佳，湯葉（即豆腐衣）的豆香婉約，令人忍不住要放慢咀嚼的速度，緩緩地吃著豆腐的初心。

第三道是「煮物」：豔麗的花彩瓷碗上，置上三圓片素樸的昆布高湯煮大根，大根上有山椒拌小魚，大根燉得入味，口感卻不鬆散，小魚的鮮味若有似無，十分挑逗。京都人的味覺纖細，廚師出手都有如名伶用腳尖跳旋轉芭蕾。

再來是「八寸」：菜單上還特別註明，冬日會上京都名物千枚漬，而在夏日我們吃的是置於紅黑漆板上，裹著胡麻的漬牛蒡，咬勁十分有力，用來配京都米做成的白飯十分可口。淺漬蘿蔔中包著的是京都人的金時胡蘿蔔，白橘相間，輕盈秀美，另有切成碎絲的老醃菜，按照中國古風，切成塊的漬物叫「菹」，但切成細絲的則統稱之為「齏」。京都人也有此考究，漬物亦分兩大體系。

第五道上的是「和物」：秀雅的藏青雲龍花紋中端立著兩塊漬白菜心一層一層做成的菜捲，再用高湯煨過，柔細中仍帶脆嫩。吃到此時，早已從定心變成心花怒放了，有如眼觀一幅又一幅佳美的食物風景，眞是賞心悅目樂事多。

再下來是「油物」：虧他們想得出把漬過的蔬菜再炸成天婦羅，味道可和新鮮的蔬菜不大同，別有一番清爽，因爲漬物本來就解膩。這些輕火略炸的漬物天婦羅，幾乎不沾太多油腥味，盛著的白紙上只留丁點油痕。天婦羅中有炸漬小黃瓜、炸漬小胡蘿蔔，炸漬大根片及炸漬銀杏果，還有塗上柚子醬的檸檬片。

第七道壓軸的「水物」：全是西利著名的夏日淺漬，蘿蔔片中夾柚片、山科茄子漬、葫瓜漬、紫蘇漬、大白菜絲捲胡蘿蔔絲漬等等。這些淺漬都不鹹，十分爽口，可當成水果吃。

最後的汁物，是京都人愛喝的白味噌湯。京都人口味敏感，不愛吃日本東北一帶濃烈的赤味噌，偏愛清淡怡人的柔細白味噌，白湯中飄浮著用艾草做成的青麩，吃來有一股草香，綠麩上還盪著一圓月，是淡淡的芥末黃，還有染成櫻花瓣形狀的麩，以及一塊柔嫩的生麩。京都人十分守古禮，吃麩亦是中原古風，京都人一千年前學會了自此不改，錦小路市場中還有不少專賣麩物的名店。

黑漆湯碗中盛著的白味噌汁，幽美動人，彷彿一鏡花水月，引人暇思天地無限。我等庸輩，憑藉原始的食性，竟能偶窺此等良辰美景。這一頓京漬物懷石，收費不破千，卻有如觀賞了一齣食物的能劇，如此寓意深遠。

京都深秋食事

十月下旬，京都銀杏樹黃葉燦爛，趁著小休，到京都體驗秋光情緒一周。

京都，可說是我的舊愛新歡，前些年在倫敦過日子，每遇假，一定往巴黎跑。回到了臺北，轉換時空的地方換成了京都，幾乎每兩三個月就去一趟，只想多沉浸在京都四季的歲時記中。

我旅行的國家已超過五十多國，能讓我時時想殷勤探望的城市，其實只有巴黎和京都兩地，有一天突然悟出這兩城，一是西方生活美學的代表，另一是東方生活美學的象徵，兩城的食衣住行均美，京都更有順應天地曆法二十四節氣的生活之美。

常去京都，對京都的旬味覺自然熟悉，但不同日子前往，則有不同的驚喜。像這次正值深秋，新栗、新柿、新柚都是盛產，「鶴屋吉信」用這三果做出了三色京菓子，錦小路通的錦市場裡堆著新鮮的果子，黃、橘、褐，有如季節的紅葉正在變色般，賞楓食果，眼下繽紛絢麗。

在京漬物老店「西利」，品嚐菊葉漬、千枚漬、壬生菜漬，鮮黃色、鮮白色、鮮綠色，吃著心情都輕盈起來，光是一碗入荷的新米蒸出的白飯，配些漬物，再來一碗京都人喜愛的白味噌湯，就是十分和敬清寂的禪意午膳了。

晚膳時，京都朋友帶我去先斗町的「先多」吃京風創作料理。先斗町是沿著鴨川從三条河原町到四条河原町間的小路，建築都是傳統兩層的和式木屋，每一間都小小的，有的面向鴨川，夏季可設納涼床。

我們去的這家先多，像先斗町上其他小店般，這些年流行起有料理達人印記的創作料理。我們光是排隊就等了近一小時，進去才發現是只能容納十幾人不到的小店，而且爲了保持出菜品質，客人以每回四至六人的方式輪番上桌，因爲地方甚小，還必須併桌共餐。

還好當天的創作料理十分有特色，彌補了等候及併桌的不適。料理的主題當然是深秋味覺，有芋棒、栗子飯、烤甘鯛、松茸土瓶蒸、豆花、柚餅，一席餐下來，竟然只要日幣五千，想想附近不遠的美濃幸、平野家動輒兩、三萬以上的京料理，怪不得這家小店會大排長龍了。

這回下榻在東本願寺附近的日式老旅館，臨走前當天晨起，在旅館附近發現一大彌食堂，可吃豆皮烏龍麵當早餐，吃完早餐，從下京順著東洞院通一路北行到錦市場，買了山椒、柿乾、紫蘇漬、糖柚條、香魚煮、鮒壽司等等當伴手禮。買回去的這些食材，將在我的秋日餐桌上繼續提醒我豐盛的味覺之秋。

奈良的隱味

三十年前飄著大雪的深冬，在日本自助旅行了快兩個月。旅途上感染了小風寒的我，來到了古樸寧靜的奈良，住進了奈良公園旁的傳統旅館，吃了幾天旅館提供的茶粥和奈良漬，開始振作起精神，可以慢慢遊覽奈良大和路。

我參加當地的旅遊團，一路聽著聽不懂的日語解說，在雪中拜訪了奈良近郊飛鳥的古墳巨石和吉野的古寺古社。

京都以古都聞名，但奈良才眞正沉浸在古老的氛圍中。奈良歷經飛鳥文化時代（西元五九三年至七一〇年）與遷都平城京之後的白鳳文化時代（西元七一〇年至七九四年），在近兩百年的時間中，日本共派出了五次遣隋使和十三次的遣唐使。但在西元七九四年遷都京都進入平安時代後，日本只派出了兩次的遣唐使，之後就因日本學問家菅原道眞諫言廢止遣唐使，日本文化自此從漢風走向和風化。

京都立都歷經了千年，不像奈良建都不到百年，京都一直搶盡奈良風頭，但有得就有失，奈良卻得以保住歷史的隱味。

對古老漢唐文化有興趣者，奈良遠比京都更能尋覓遺風。奈良的食物也富有古風，京都雖然有名店鍵善良房販賣唐代常見的葛切，但奈良才是全日本最佳的吉野本葛製作的葛切本家，像老鋪佐久良現點現做的葛粉條、葛粉年糕，用的就是吉野本葛。另一老鋪增尾商店還有以米製作的米飴，是傳承自七世紀的古老麥芽糖（別忘了糖的漢字就以米為部首），都是今日中國少見的漢唐飲食風流。

京都料亭的京料理華麗稱世，奈良料理卻以古樸隱世，就以從古老的中國傳來的漬物來說，京漬有如藝妓裝扮般色彩繽紛的粉紅蕪菁漬、豔紫圓茄漬、翠綠黃瓜漬、洋紅櫻桃蘿蔔漬等等，但奈良漬卻如老僧入定般把胡瓜、大黃瓜、蘿蔔、芹菜等全都漬成了淺咖啡、深咖啡乃至深黑的道袍打扮，奈良漬是深漬，最少要漬三年，還有漬上十三年的奈良漬，已有如漬物的化石了。

我從第一次在奈良吃到了奈良漬，就迷上了此漬特殊的深沉滋味，每回去日本旅行，都會買奈良漬當伴手禮，但最喜歡的還是奈良最古老的今西本店所販售的不含人工添加物與味醂酒粕的純正奈良漬。

奈良也以從東大寺等寺院傳出的僧侶食物茶粥聞名，此食風也是從中國寺院傳來。茶粥用的茶是大和茶，大和茶是奈良的特色茶，以煎茶爲主，適合大碗茶泡，接近唐代的喝茶方式，不同於京都盛行的抹茶（宋代的點茶）。

日本知名的三輪素麵，發源地即奈良山邊之道旁的聖山三輪山，此地有許多古墳群，是日本從彌生時代到古墳時代的重要聚落，也是日本大和文化的發源地，其時日本正受中國傳入的水稻技術而形成大部族國家，中國古代素麵用來祭神，三輪山的素麵亦是神代食物。

在奈良大和路古道上的櫻井、橿原、斑鳩等地，都容易吃到古老味如蕨餅、艾草餅、奈良饅頭、三色糰子等，如果一個唐代的旅人跨越時空隧道，今日的奈良或許會比今日的西安讓旅人更有回到唐代長安的情緒吧！

過去三十年來，我常常返回奈良，這裡是我心中暗想可以退隱之處。每回我都看到奈良公園中的群鹿如我般年華老去，某些面容滄桑的老鹿是否與我在多年前相視過？如今我已到了某個年紀，懂得在京都與奈良之間，奈良的隱味更牽動我心。

和食中的唐宋遺風

有一年穀雨在京都，在祇園的鍵善良房中吃到葛切，透明的涼粉盛在冰塊上，挑幾條起來沾黏稠的沖繩黑糖漿，滑溜有勁的葛切，有股淡淡的清香味，混合著微焦的黑糖甜味，十分美味。

旅途中偶吃葛切，回台北後一直難忘，雖然在高島屋的源吉兆庵也買到放在塑膠製綠竹容器內的葛切，但卻好像買的是超市的盒裝豆腐，完全沒有了手工老豆腐的香氣。放在容器中的葛切，也少了天然清涼的滋味，買過一次後，也就不再買了，但心裡卻依然想著上回吃到的葛切，總想去京都再吃它幾回。

後來看《東京夢華錄》，發現在北宋汴京時代，即有用葛根製成的涼粉，也是沾黑糖吃，原來日人現今吃的文雅極了的葛切，也是當年到華取經的結果。

日本愈傳統的食物，愈難脫唐宋遺風，像京都的和菓子鋪，供奉的元祖大師空海和尚，從中國返回日本傳經時，帶去了各種饅頭的做法。中國在唐宋年間稱包了餡的麵糰爲饅頭，怪不得空海會把各式豆沙包都叫饅頭，不像如今台灣隨著後來北方人叫包子。

有一年穀雨後，在江南一帶旅行，看見不少店家在賣青糰子，就是把糯米搗成泥，再混合艾草汁，揉成一小球，四球成一串，可以現吃，也可以烤來吃。這種青糰子，也成了日本人的和食代表，一年四季都吃，連台灣的百貨公司也標榜爲和風小吃賣著，但在本家浙江一帶，卻守著古禮，只有清明穀雨前後吃一陣子。

在京都，

人要閒心要空，才可體會古都之心。

京都之味貫穿歷史時代、季節的時空，
是最悠揚的城市味覺行板。

京都人知道人生很輕，
生命不過是偶而到地球上散了一會步，
如有哲學之道的省思，
也就值得一回了。

我也許是生生世世輪迴數千年的時空旅人，
總想辨識流轉於不同時空之間的地域與文化的歷史鄉愁。

一頓京漬物懷石，收費不破千，卻有如觀賞了一齣食物的能劇，
如此寓意深遠。

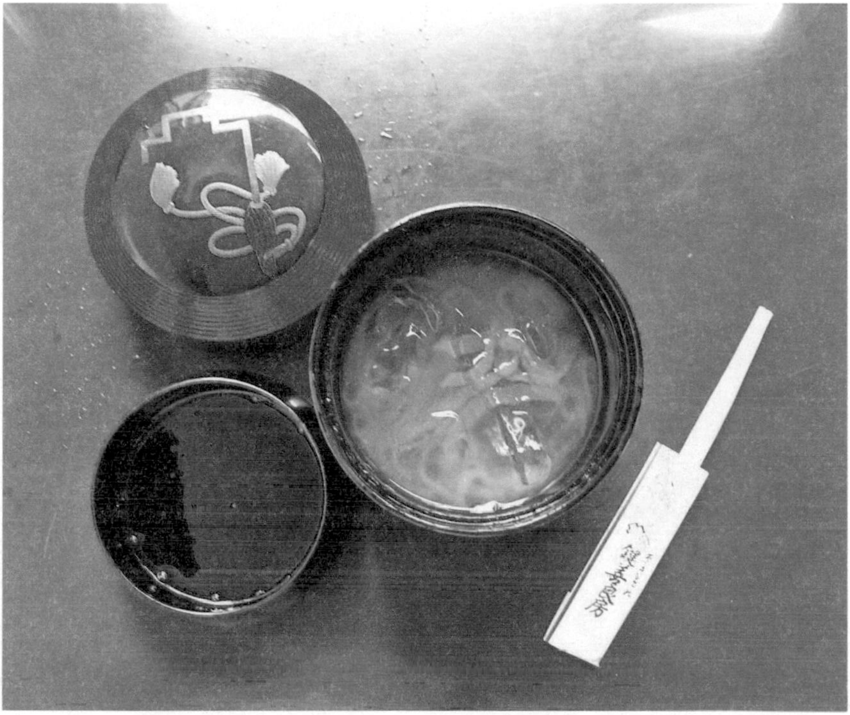

我們坐在鍵善良房的茶室中。

食葛切是唐人古風，京都人歷千年而不改此一傳統滋味。

徜徉在京都夏日慢味中，
感受天地人與節氣時令的變化，一起隨著自然的節奏生活著。

春櫻絢爛如花神降靈，騷亂了京都人保守拘謹之心。

京都有幾樣東西是非常獨特的，所謂「獨特」，
是指沒有其他地方跟傳統之間有那麼親密的關係。

我仍愚鈍，
只因與京都結食緣，略識真味只是淡之道，
但尚未通解至人只是常之理，

卷三

———

季。

Arthur is still in bed in the hotel.
I come out at 6:30 am because of jet lag. I met an
american student when I was sitting in a cafe shop. She is
studying Japanese in Kobe. Especially, she speaks almost perfect
Japanese (of course ~~that~~ I can not judge her Japanese).

東本願寺. Higashi Hongan. Kyoto, Japan.
2/19/2000

連 续 数 天 的 晴 朗 , 剧 烈 的 空 郁 凝 不 等 的 氣 温 变 化 , 也 是 时 起 色 白 的 诗 地 . 拜 季 渐 毛 .
今 天 早 上 , 倉 寒 倉 寒 等 以 神 户 尽 近 一 景 . 到 户 擦 空 郑 代 二 小 時 日 半 小 時 程 往 .

節分祭除厄

由於立春節氣常常適逢春節假期，我與夫婿全斌因之得空出遊。寒假較短，不能赴歐暢遊，去日本或中國就成了經常的選項，有一回算了一算，竟然發現在過去三十年間，多達十回在日本過立春，也因此立春前一天的「節分祭」，成了我印象最深刻的日本祭典。

日本像中國古代人，很重視節分，「節分」指的是季節分隔的時日，每一年季節交替指的是立春、立夏、立秋、立冬，四大節分日即這四節氣前一日，如立春若在二月四日，節分日就在二月三日。雖然一年有四大節分日，但立春是一年之始，又是冬季陰藏結束之時，因此特別重視立春前的節分日。本來古代在四季的節分都會有祭典，時至今日，節分祭大都在立春前的節分舉辦，由於立春節分祭是一年第一個祭典，因此成爲特別重要的節慶。

我在日本各地參加過幾回節分祭，其中印象最深刻的，是在京都參加過五回的八坂神社和兩回在東京下町根津神社的節分祭。節分祭一定是在神社舉行，因爲節分祭非佛事，依據的是原始的天地人萬物有靈信仰。日本古代的「社」，指的是在聚落中心的土地上，用一條紅繩環繞結界在中央放置了石頭之處，後來把天皇當成神道信仰中的天神崇拜，再結合原始的社信仰，才成爲今日的神社。

日本人節分祭典舉辦之地，一定在當地最重要的神社舉行（古代社之所在即當地權力中心）。節分祭典有個重要的功能，即「厄除」，在這一天把冬日積聚的陰氣全數掃盡，讓大地回復一元復始萬象更新的明亮清淨。

節分祭會在神社入門的中央大殿上演儺戲，儺戲是中國古代百戲的前身，如今中國雲貴一帶少數民族仍會舉辦此種原始祭典。儺戲用來祭神驅鬼，演員（在古代指的是祭師、巫師）會戴上幾種鬼怪面具，在舞台上大叫大跳有若歌唱與舞蹈，同時還會撒青紅黃白黑的五色豆，五色豆象徵天地五行的五色土，五色土有鎮邪的作用，人當然無法食用五色土，因此撒五色豆是讓人可以把豆子帶回家吃，吃了有除厄之用。豆子亦是春回大地後，土地第一種栽培的植物（豆子可沃田，古代農人會先種豆布田再種五穀）。

記得第一次參加京都的節分祭，站在遠處的人，根本搶不到五色豆的袋子，但很幸運地，我竟然被兩包五色豆從天而降砸中，讓我和全斌都有豆子可吃了。其實節分祭期間，京都各地和菓子鋪都會賣五色豆，但當然在神社節分祭取得的才被認爲最有神力。

除了吃五色豆外，節分祭當日也有吃「惠方卷」的食俗。惠方卷即日人平日常吃的太卷，惠方指的是依據陰陽學，用當年天干計算出福德神所在的吉利方向，往惠方的寺社詣拜、在家用惠方卷拜七福神，在節分日當天，把惠方卷吃了，就可求到一年的吉利。

我不知道吃惠方卷到底會不會增福，但我平常就很愛吃太卷，節分日時好吃又好運何樂不爲？

北野天滿宮的梅花祭

京都在節分祭之後，另一個重要的祭典，即雨水節氣中的「梅花祭」要開始了。梅花祭在北野天滿宮舉行，當天（陽曆二月二十五日）也是被稱為日本學問之神的菅原道眞的忌日。

我在年輕時去京都旅行，就知道日人很重視這位日本古代的孔子，但他就跟很多中國古代有學問的人一樣，說錯話得罪了皇帝（日本是天皇），被流放異鄉，並死於九州流放途中。

後來年紀稍長，才想通日人特別看重兩位悲劇文人，一則菅原道眞，二是千利休，並不僅因為他們都是被有權有勢的高層害死（千利休被豐臣秀吉賜死），而是因為這兩位都代表日本文化去中揚日的本土文化價値的確立。菅原道眞反對日本再派遣唐使去中國，認為日本不該再追隨中國，而要建立本土的文學系統。千利休也主張揚棄茶界對中國茶道與唐碗的崇拜，轉而推崇日本茶道的佗寂美學。

二月二十五日左右，常常是我在京都度寒假快結束的時候，我總會用梅花祭爲藉口多留一兩日，而我也的確喜歡梅花更勝櫻花。因爲梅花盛開的時候常常伴隨最後的春雪，雪花飛舞中看紅梅、白梅點點，其意境並不亞於看花吹雪的落櫻飛舞。

我一生賞花，和梅花最有緣，三十年來最常在冬日一、二月赴京都，遇上的都是梅開花期，先遇到的是臘梅一月開，著名的花寺有實光院和北野天滿宮。賞梅的人總不如賞櫻多，不容易遇到人潮雜沓，尤其賞梅似乎較少成群結隊、尋歡作樂，反而常見孤身賞梅人，靜悄悄地站在梅樹下凝望。

梅花開時，亦是京都容易下雪天，梅花附著在殘枝上的力道強，不怕風也不怕雪，中國古人多推崇梅，就因爲梅的堅實。雪天賞梅遊人更稀落，有一回上伏見的御香宮神社取香泉水，順道逛到後方庭園，不期而遇臘梅雪景，庭園中竟無一人，白雪白梅在天光中閃耀，我立在一叢花海下聞著花香流動，腦中想起了童年常唱的那首歌「雪霽天晴朗，臘梅處處香……。」當年會唱歌，卻根本不懂聞花香，如今到了中年，對世間香味愈來愈敏感。世人不愛說嗅花香，而要用聞法的聞來代替嗅，恐怕就是知曉香不僅要用鼻子嗅，更可聞入耳根心腸。

不少京都女人喜歡穿著和服賞花，看多了自然就發現，賞梅人宜著素衣，且要有些年齡的女士立在梅樹下最好看。有一回在北野天滿宮，遇見一位年約七十歲的優雅仕女，頂著一頭梳整成髻的銀髮，穿著灰底細褐紋的和服，配著滿庭的繽紛紅梅，眞是美麗的晚年和冬梅相輝映。

北野天滿宮以梅爲主、臘梅爲輔，每年二月是梅期，鳥居的西側有座梅苑，從二月上旬到三月上旬，整整一個多月會有二千多株的梅樹開花，每回在寒涼空氣中散步其間，都有種梅香混合著冷空氣直入心房之感。

梅花祭當日，上午十時起在北野天滿宮本殿會有祭典，但我不愛看祭典，更有興趣的是從上午十點一直到下午三點舉辦的露天茶會。此時，剛好是天滿宮外五十多種類二千株的梅花盛開之際，會由鄰近天滿宮的上七軒的藝妓來設茶席，這些年紀稍長的藝妓清豔挺立如梅。

梅花祭茶會中會有紅、白兩色五瓣梅京菓子，這個茶會源起於豐臣秀吉在一五八七年於北野天滿宮內舉辦的北野大茶湯。當時千利休和豐臣秀吉還在友好時期，但人生多變，之後千利休也走上了和菅原道眞一樣的命運。只是如今懷念菅原道眞和千利休的人都多過了昔日掌握他人生殺大權者，畢竟人品如梅品，只有永恆的清香。

不敢不樂

二〇一一春天，日本發生三一一海嘯核災事件，使得當季的櫻花時節蒙上了悲哀的陰影，我身邊有些友人原本討論好的花見行程也因之取消，但我和夫婿全斌還是按照了預定計畫前往京都。

春分時節的京都，櫻花一如往年盛開，只是遊人比起昔日較爲清落，反而增添了賞花的情緻，尤其這年看到櫻花燦爛，感觸特別多。櫻花本是無常之花，開得如花似夢時，只要天氣一變，來場稍大的雨，馬上花吹雪落英滿地。櫻花美景稍縱即逝，在日本遇上天地大災變之後觀之，更覺人生無常。

從前讀過李漁在《閒情偶寄》中談行樂，這回因京都觀櫻而浮上心頭，李漁說：「造物生人一場，爲時不滿百歲。……即使三萬六千日，盡是追歡取樂時，亦非無限光陰……又況此百年以內，日日死亡相告，謂先我而生者死矣，後我而生者亦矣已……死是何物？……知我不能無死，而日以死亡相告，是恐我也。恐我者，欲使及時爲樂……康對山構一園亭，其地在北邙山麓，所見無非丘隴。客訊之曰：『日對此景，令人何以爲樂？』對山曰：『日對此景，乃令人不敢不樂。』」

這一回在京都，眞是懂得了「不敢不樂」的意思，往昔到祇園的圓山公園賞櫻，看年輕的男女，尤其那些看來像初入社會，身上穿著廉價的上班族西裝與套裝的公司社員，坐在鋪著藍膠布的草地上，吃著附近便利商店買來的壽司、沙拉、泡麵等等，喝著易開罐的清酒，一群人喧鬧著青春的活力，在落櫻紛飛的樹下度過他們稍縱即逝的花樣年華。

從前我看到這些賞櫻時吵吵鬧鬧不能不醉花見的青年人時，內心並不歡喜，中年的我喜愛的不免是清幽的賞櫻意境，在人潮尚未湧現前獨自在白川通或哲學之道踩著一夜落櫻的足跡漫步，但這一回看著青春在櫻花樹下喧囂，想到那些隨著海浪而逝的人們，其中也有一樣年輕或更稚嫩的生命，也許有的還不曾在櫻花樹下醉過酒呢？眼前的花見情景，突然讓我濕了眼，人生眞是不敢不樂啊！當有的生命發生了極痛苦的悲劇，我們或許也曾跟著哭泣，但面對悲劇，並不代表我們就要對生命放棄歡樂，誰知道能在今年櫻花樹下花見酒的人們，明年在何方呢？今年不一起同樂，也許明年就各分東西、天人永隔了。

櫻花本來就特別華美，也因此特別脆弱，櫻花似人生，如露亦如電，雖然年年有美景，景在人卻未必在。

櫻花最像青春，美得如此放肆譁然，卻又如此匆促，有一天在花見小路上分別看到祇園的舞妓和藝妓走過夾道盛開的櫻花樹，突然發現年輕的舞妓和怒放的櫻花如此相配，那種不可遏止地跟天地爭輝的青春能量，當下覺得舞妓是櫻花。但熟年的藝妓，雖然如此優雅，卻不那麼適合櫻花，有著歲月容顏的她們適合秋楓的幽美。

春櫻、夏綠、秋楓、冬雪，都是生命之美，面對此情此景，只要活著，眞是令人不敢不樂。

長谷寺遲遇牡丹

一直想去洛陽看牡丹而不得，沒想到竟然在奈良縣櫻井的長谷寺見著了滿山遍野八千多株一百五十多種的各色牡丹。

聽正在當地留學的台灣學生談起剛去了奈良的長谷寺看牡丹，穀雨節氣已快結束，號稱穀雨花的牡丹還有嗎？原來今年冬天極冷，春櫻晚開了，連帶牡丹也遲了些，如今快到立夏才去，見不著花容盛開美景，卻仍可見姹紫嫣紅開遍之情狀。

出門旅行巧遇花期，本來就是難得之事，像這回也去了金澤的兼六園，想看水邊的燕子花，只可惜去早了，今年沒有一株早開的燕子花。

本來就擔心在大阪沒太多事可做，逛難波、千日前通、心齋橋、道頓堀、梅田等等，看一千家兩千家商店，對不再年輕的我已成苦事，近十多年每次到京都已不在大阪停留，這回本是專程進大阪做一番關西京阪神三城文化之比較，也看到了許多有趣之事，如御堂筋地鐵上有人脫了鞋子看報，中學女生高聲談笑，列車上難得看到有人坐得端正，中午時分在清水食堂都是喝得醉醺醺的客人……，這些情景都不容易在京都見到。

能夠抽一天身離開大阪也不錯，坐上了近鐵電車，出了大阪進入奈良縣的風景就不同了，近山青蒼綠翠，遠山藍靛紫灰，我最著迷於坐火車時經過一些陌生的山間村落，每每想隨興下車，這次在長谷寺下車，就有這種意外走進一處隱逸而保存良好的鄉間歷史聚落之感。

長谷寺最早建於七世紀，也許從那時起就有村落慢慢在山間谷地聚集，今日從火車站一路由高而低沿著古老的歷史石階而下，穿過近瀨川走上長谷路，就是通往長谷寺的參道，一路上仍有許多古舊的木造建築，街旁有村民賣著自家種的葛根、香菇、山菜。我們在一戶仍用石臼自家磨粉的小店吃蕎麥，身旁坐著十來位穿著白罩衫，正在進行西國三十三番所觀音靈場朝聖的巡禮者。

長谷寺是西國觀音參拜路上的第八番所，寺中有一座日本最高的木造十一面觀音菩薩座像。此地以觀音靈驗吸引信眾，但長谷寺還有另一特色，即四季皆有美景，除了春櫻、夏綠、秋楓、冬雪外，四月下旬至五月上旬穀雨節氣期間的牡丹花期豔冠全日。

我年輕時並不愛牡丹，因爲常見國畫中的牡丹都以富貴圖示人，到了中年後重讀《牡丹亭》，才讀懂了牡丹的遲。牡丹不同於一般春花開在春分節氣，當年武則天在長安辦花博賞花，春分清明眾花皆開唯獨牡丹不開，才有牡丹被武則天貶至洛陽一說。牡丹非等到四月二十日穀雨節氣才肯開花，也因此牡丹別名穀雨花。

《牡丹亭》說的就是情人在春光明媚時無法兩情相悅，非等到人鬼相隔還陽於世才遲合。年紀略長時，才體會得出遲的可貴與美好。牡丹在眾花皆美時在一旁寂寞，但等其他花兒都謝時，卻輪到牡丹碩大地放肆地嬌豔地怒放。

怪不得送牡丹只送中老年人，這些人生已晚歲月已遲之人，當然希望在青春盛開後，仍像遲開的牡丹挺立，形容女人像白牡丹、紅牡丹也別亂搭，總要有四、五十的風韻才稱得上是牡丹之姿。

長谷寺的牡丹眞驚人，從江戶時代搭建的三百九十九級的石階登廊而上，兩旁的山坡都是牡丹，眞是一條壯觀的牡丹廊。我們是來遲了，不少牡丹已謝，還好仍有一些怒放的牡丹夾雜其間，一路爬石階，一路看牡丹，想著這座眞言宗之寺守護這些世上難得見著的牡丹是爲何？看完了牡丹，就該到山頂的本堂去見觀音了。

京都葵祭迎夏

自從十幾年前開始研究節氣，看待事情就常常有了更寬廣的視角，譬如讀中國詩詞，就不全只是因字生義，而會想到詩人詞人寫作的時空與天文背景，而在參加某些節日慶典時，也會有更多的想像。

就像京都的葵祭，每年陽曆五月十五日從京都御所浩浩蕩蕩到下鴨神社，再到上賀茂神社，二十年前我頭一次參加，只覺得身著古代夏裝夏帽的神事人員非常美麗，後來心中有了節氣之理，才恍然大悟葵祭乃立夏祭啊！因爲御所是天皇在京都最重要的社之所在，立夏迎夏神並不會在社中舉行，而是要由天子帶領三公九卿大夫到社外迎夏，如果我不懂節氣，大概不會想到葵祭亦是立夏祭。

前幾年又抽空參加了一次葵祭，在上賀茂神社看到了一張海報，上面只用「社」一字來代表上賀茂神社，我一看心裡因共鳴而感動，知道有些人也在乎社非神社也。上賀茂原是古代社之所在，稱之爲神社其實是降格，天皇哪有天地大，硬稱上賀茂神社只是向現實政治權威低頭的結果。

另外，我還看到這些年上賀茂神社正在推行一項葵復育的生態活動，何謂「葵」？即類似今日人們稱之爲山葵的古代植物。葵只能生長在極爲清淨的水中，古代上賀茂一帶的水源純淨，到處生長著葵，葵在立夏茁壯，葵祭亦是感念葵之所在就有純淨的水源的意思（古代沒有水質偵測的科學方法，因此當一個地方長不了葵時，也代表水不乾淨了）。

如今上賀茂一帶早就沒有葵了，每年的葵祭，猶如哀悼死去的葵與死去的清淨大自然，葵的復育，就是想找回生態的平衡，照今天的說法即環境保護運動。

原來山葵以前是平地葵啊！人類把葵逼到了深山，在京都參加葵祭，絕不只是參加一場熱熱鬧鬧的早夏健行文化遠足，心中沒有葵，是不會懂得立夏葵祭的眞意。

京都盛夏

七月盛夏赴京都，祇園祭的除夏疫之樂在古城內靜靜地流淌，彷如冥想般的樂聲讓酷暑也爲之泮涼起來。

七月京都有各種驅暑祕方，鴨川上的納涼床、貴船的川席，都可藉著清風溪水引來涼意。鍵善良房的冰涼葛切、森嘉的冷奴、西利的淺漬，都是夏日涼食，七月遊人稀少，古寺分外寧靜，金剛院的夏蓮綻放，連平安神宮的迴園，都難得空無一人。

住的和風老旅館，離涉成園很近，涉成園乃仿蘇州園林所建，園內假山曲徑、小橋荷池、竹籬草廬、林木蔭天，徜徉其間，聽夏蟬爭鳴，看三兩京都仕女，有人拿著綢紗和傘，有人搖著檀香扇，何等閒情逸致。

京都人眞是會過日子，春夏秋冬各有不同的季節的生活風韻，烏丸四条通大道上，有的京都人穿著夏日浴衣，著木屐，照樣進高島屋百貨公司買夏日涼點水無月，祇園花見小路上的茶房高掛的竹簾旁擺著一席紅傘紅案，供遊人坐在其上慢慢啜飲翠綠的抹茶。

錦小路市場，一年四季賣著當令的旬味，七月是泳涼鱧魚沾梅干、竹葉包鯖魚壽司、山科茄子漬、夏日的京都黃筍……，主婦不會忘了帶這些季節的滋味回家，吃著吃著，才會有一種夏天的食物心情。

沿著鴨川散步，茂盛的柳葉在晚風中飄盪，散落的單車靠在柳樹旁，單車主人也許正走在四条大橋上，橋上石墩上綁著竹枝竹葉，騎白馬著唐衣、塗白臉、戴皇帽的祇園祭小兒遊行而過，附近木屋町通的燈籠亮起，燒烤店傳出木炭的香味，遊人一家一家尋覓當晚的美味，鹽烤夏鮎或許是不錯的選擇，配上一盅冰鎮的伏見吟釀。

夜晚的京都，很早就安靜下來，一條又一條有如鰻魚般曲折的小巷小弄，只見蒼白的街燈猶自寂寥地站立，夏日暑熱慢慢褪了，微涼的空氣悄悄地掩近，遊人獨自走回今晚小歇的旅鋪，走著走著，突然悟出了京都此城，彷彿一座深夜開始打禪七的古城。

夏至京都花樹紀行

有一年夏至前才在南村落的節氣生活美學課堂上談到「夏至半夏生」的物候現象，還有學員問半夏生是什麼？古籍上記載是一種有劇毒的植物，在夏至節氣時茂生。

沒想到，夏至後一日赴京都，才抵達京都車站，赫然看到車站大廳中貼著建仁寺兩足院特別公開半夏生庭園的海報。原來中國古籍中記載的事，還有人在認眞守護，千里迢迢，我終於跟半夏生結上了緣，第二日就赴建仁寺觀半夏生。

每次閒逛祇園，一定會去建仁寺走走，座落於浮華花樣的祇園之中，看著舞妓、藝妓的豔麗容顏春來秋去，聽著建仁寺中黃昏的烏鴉徘徊孤鳴，花街禪寺咫尺天涯，眞是頓悟之地。我本來就很喜歡建仁寺，如今又知道寺方有庭園種著半夏生更感慨。半夏生是劇毒植物，微量可治病，但用量一拿捏不準，就會全身痙攣，痲痺死亡。禪寺種這樣一線生死相隔的植物，也是禪機一味。

之後的幾天，動了心這回要好好走一趟夏至花樹紀行。一般人逛京都，最思慕的都是春櫻行或秋楓遊，偏偏你想的也是別人愛的，櫻季期間，走到哪裡都是遊人如織，整條哲學之道上萬頭攢動，櫻花熱鬧人也熱鬧，只可惜少了賞花的清雅。楓期也是，大原三千院中也都是人擠人著看紅葉醉人，掩蓋了原本庭園中的石、杉、苔的幽靜。

六月下旬的京都是旅遊淡季，那年因爲H1N1事件，遊客少到不行，難得漫走在哲學之道上的我們，整個下午竟沒遇到超過十位的行人，其中還遇上了一位穿著鐵灰底淺綠荷葉紋樣的中年京都女子，手持綢扇慢步走來，也只有京都女人才能穿出這一身時令地景。

六月下旬的哲學之道，紫陽花一路茂盛地延展著深紫色、白色、粉紅、粉紫的花團，卻不見多少人來賞花，京都人眞是被妖豔的櫻花寵壞了。但我看著怒放的紫陽花，卻覺得此花在炎夏時看了頗有讓人靜心的效果，尤其是紫陽花的紫花色調有著清涼的能量。後來我去嵐山的天龍寺，庭園中也四處散植著盛開的紫陽，最令人驚奇的是大原三千院中有超過三千株的叢生紫陽，一片紫色花海，有如禪坐的花席。後來看資料，才知道種植紫陽花不只爲觀賞，還可偵測土壤的酸度，開出愈豔麗色彩的紫陽花，其花叢下的土壤愈酸化。哎呀！原來愈美麗愈危險的紫陽可提醒人們注意土地的環境保護。

除了紫陽花當令外，還有季末的菖蒲。被視爲水劍的菖蒲本是在端午時節的節令植物，來京都前才到台北植物園的我，當時見到的都是殘花敗葉的菖蒲，沒想到來了京都，在平安神宮的西神苑，卻看到花開荼靡的菖蒲，再過幾日就要凋萎謝落的花容，此時卻努力地釋放著最後盛放的能量。

在台北植物園，六月下旬已是蓮花遍遍，但到了南禪寺天授庵，池中的白蓮卻還含苞待放，在蓮池邊小坐，看庭園設計的小竹筒的水滴不斷地流淌出一波又一波的水影天光，整個池塘有如變化不定的玻璃萬花筒中的幻象，看著人都入定了。池本不變，風動水流，白蓮在上，眞是一方禪池。

天授庵也只能種植白蓮，如果種的是台北植物園中嬌豔的紅蓮粉蓮，不知庵中的修行人要怎麼按得下紅池紅塵之心。

夏日亦是赴嵯峨野看眞竹的佳日，走進了空靈的綠竹林中，難得也是遊人稀少，空氣十分的沁涼，聞著暑熱蒸騰過的竹葉氣息，眞想一路沿著竹林幽徑無盡地走下去。

從前來嵐山，都不曾順著桂川往山裡行，這一回爲了避暑熱，遂沿著山徑綠蔭愈走愈深，走進了龜山後背，再走到了愛宕山的正面。桂川之水愈走愈綠，映照著天光樹影，一路行來都無人影，終於識得了嵐山眞面目。

最後一日，安排自己先去下鴨神社。每回到糺之森，都有不可置信之感，這裡可是京都的市中心，竟還存有這種太古森林的景緻，原生林相的壯觀清幽、御手洗川的雅趣清涼，社中放著今年才剛舉辦過的葵祭的影片。今年雖錯過了盛會，但今日前來，神社中幾無他人，走在林間，還可獨行慢步，才知道有時錯過盛事也不可惜，只有今日如此的寧靜，才眞懂了太古之森的原始之心。

在下鴨神社旁的花折吃了口味十分高雅清淡的鯖壽司後，決定此趟京都花樹紀行就以上賀茂神社爲最後的場景。

到了上賀茂神社旁，遇見一些年輕媽媽帶著四、五歲的小孩在神社前的楢の小川中戲水。這裡的水十分清澈，小孩喝到水都不令人擔心，我坐在離小孩戲水不遠處的石瀑觀水花，不過是幾粒大圓石的庭園設計，竟然就能展現如此驚動的水捲瀑湧，坐在溪旁觀水瀑，看著看著都失了神，忽然了解，下鴨神社、上賀茂神社本無神，只有社，社乃神聖之土，人類最原始的感動與信仰都源於自然，但當人類愈趨向文明，離土地的能量愈遠時，文明的統治者遂以神來超越社，神也從自然神、人格神再到國格神。像靖國神社這樣的地方，早已離神聖之地十分遙遠了，但不是所有的日本人都已忘了神社的本質所在，在上賀茂神社中我看到了呼籲民眾捐款恢復種植原生植物葵，海報上只寫了大大的「社」字，而非神社，這才是回到對土地尊敬的初心。

京都霜降秋意

人在京都，才會突然領悟，爲什麼秋這個漢字中有個火。京都的秋天是一把無聲無息、無煙無味的火，靜靜地在大街、山野中燃燒。這場季節的火有許多的顏色，東本願寺前的銀杏樹上跳著金色的火，東福寺的通天橋上一眼望去是滿山遍野燃燒的豔紅的火，嵯峨野古道上睡去的是快要熄滅的暗紅的火，青蓮院門跡前有深紅的夜之火在迷離的光影下舞動。

京都的秋天，如此燦爛、輝煌，人們的視覺都醉紅了眼，許多人憐惜春櫻匆匆，一片粉紅櫻雲剎那化成花雨紛飛，但春櫻雖短，日後仍有綠葉茁壯，秋楓卻是一片奼紫嫣紅開過，良辰美景不再。用盡全身力氣燃盡的秋楓是懂得年華易逝的中老年人的愛情，最紅烈的情事是生命最後的奔放，過去後只剩滿山枯枝陽春白雪。春櫻妖嬈，仍是青春迷幻的愛，早逝的戀情令人惆悵，仍有飽滿成熟的夏日激情可期待。

年輕的我，常感嘆春櫻無常，經常遠赴京都，在盛開的吉野櫻下鋪一素布，喝櫻酒、接落櫻，愁些少年不識愁滋味的變幻情事，但中年後卻不再無端爲落櫻傷悲，反而輕易爲紅葉生情緒。

去年秋深，我在洛北大原三千院散策，上午還晴空萬里、楓火豔麗，看得人都如拙火上身般熾熱起來，但午後突然一陣秋風秋雨，滿山紅葉紛紛在大雨中飄落，看得我心驚動魄，身旁的日本友人惋嘆地說，這場雨一來，紅葉季恐怕就要結束了。

還好當天晚上，友人說我們去吃紅葉狩季節料理來彌補吧！京都的四季旬味，都有主題色彩。秋季當然是各種的紅色，朋友帶我去的料亭，推出創作的紅葉便當，有各色繽紛的紅，鮭魚子的亮紅，伊勢蝦紅白相間、甘鯛烤魚的赤紅、醋漬章魚的暗紅、再配上胡蘿蔔雕成的紅葉，眞是一片熱鬧的紅意。講究食物美學的京都人，懂得用美味來塡補人生之秋的悲涼，我環顧料亭中的客人，果然正在吃紅葉料理的都是中年心情人。

餐後和朋友閒聊，忽然想到許多秋季的滋味，不僅都有著成熟絢爛的顏色，也還有微澀的滋味，像秋季的紅柿，秋風一起，京都洛北原野上的柿樹都結著斑紅的柿果，祇園的商家推出應景的柿餅京菓子。朋友說小時候不愛吃柿，怕吃時口中的澀感，但人入中年後，卻特別愛吃柿，尤其愛那股纏綿舌口的澀意。我想到了秋天成熟的葡萄，紫紅的果實也是甜中帶澀，釀成的新酒喝的也是飽滿的澀口，這些滋味心得，原來都是季節之秋對人生的提醒，雖然苦澀，卻是自然眞味，而澀中帶甜，有如中年苦樂參半。

京都是四季城市，春夏秋冬皆有可觀之處，但我特別迷戀京都之秋，因爲京都人纖細的心思，特別懂得欣賞秋季的況味。有一回閒逛曼殊院，看到庭中一株楓紅與一棵青松並列一巨石旁，忽然領略了這等布置乃畫中有話，楓紅是四季之變，青松乃四季之常，但巨石才是定，如此風景，立即顯現了京都人的禪心。

京都的秋天有特殊的香氣，清晨沁涼的空氣飄散著乾爽銀杏樹的味道。沿著旅館旁的鴨川堤道，步行至錦市場的早市，對季節敏感的商家在小風爐上架著鐵網烤新鮮的銀杏果，溫熱的銀杏剝開了露出青白的果心，在口中細嚼，清香微苦；另一攤上烤著秋茸，散發著芬芳的氣味，像是大地之母的乳房的滋味，再走幾步路，賣蔬菜的攤上堆起金黃色的秋柚，柚香聞得人神清氣爽。

當天傍晚，在木屋町通的居酒屋中，叫了一份土瓶蒸，撲鼻的香味中既有銀杏，也有秋茸與柚皮，浮沉在土雞塊與鮮蝦熬成的高湯內，這道三味秋香，是味覺敏感的京都人的秋之旬味，不喝就枉過了秋天。

銀杏、秋茸、柚皮，既香甜又苦澀，是複雜的滋味，也是生命之秋的領會。喝了土瓶蒸後，再暖上一盅京都南邊酒鄉伏見的新酒，喝得小醺後，閒逛至寺町通的古書街，隨手翻著日本平安時代出版的茶經，微苦的舊書墨香迎面襲來，一晚上不管是季節或歲月，聞到的竟然都是相似的氣味。

深夜，高瀨川運河上亮起紅燈籠，燈火搖曳在河岸的楊柳樹梢，抬頭一望，一輪下弦月高掛，異國酒人或許不知曉風殘月楊柳岸之詞，遊子突然頓生離情，薄涼的秋風一陣陣吹來，路旁木屋中傳來三弦琴的樂聲，京都秋意，如人生之秋蕭瑟又令人依依不捨。

京都紅葉情緒

趁著小休到日本旅行，選定了京都的紅葉季。日本人算出楓火的速度以一天二十七公里由北向南蔓延，每年約十一月二十日左右抵達京都，會有爲期約十天左右最燦爛的旬之楓。雖說如此，大自然變化無常，深秋楓樹燃燒的方式有其限制，要日夜溫差達十五度以上，楓紅才會夠透夠濃，而且期間還不能有秋風秋雨來煞風景。風雨一來，不管紅葉黃葉都會凋零，楓火盛景即宣告結束。

我在十一月二十日抵京都，當地朋友說我來得正好，經過了數日白晝熱入夜涼，正是繽紛紅葉鬧枝頭的時刻，京都近郊數處紅葉名所正絢爛上演奪目的楓戲。

當天去了東福寺，從通天橋上眺望橋下溪澗上怒放的楓火，從跳動的金黃色，到橙色、橘紅色、洋紅色、赤紅色、酒紅色、紫紅色，各種色澤千變萬化的紅葉在眼瞼上閃爍，直搗內心深處，原來深秋天地以如此狂野耀眼的方式宣告落幕，想著人生由中年步入晚年時是否也該有生命的壯麗演出？

由通天橋遙視對岸的臥雲橋間的楓景，是京都第一觀楓所，可惜賞楓人潮太多，而且奇的是一條橋上眾人皆向北望，我湊了一會熱鬧後，轉身回望橋南側的山谷，雖不如北側豐富，但反見清幽，尤其是臨山坡地的楓葉有的已經掉落，更顯出正在枝頭燦放的楓火的脆弱。我站在南側的橋上許久，身邊無人擠來擠去，享有剎那的清心，更能領會楓火的熱與冷，人世的鬧與靜。

第二天去了洛北的曼殊院，遊人較稀，站在野地的紅楓樹下，微風一吹，偶有乾脆的紅葉掉在衣襟上，腳下的紅葉鋪地，走在紅葉路上，是一趟天地時空之旅，四季推移是旅程的印記。

曼殊院的庭園造景四季皆佳，秋季園中以一長青松柏為中心，四周環繞變色楓，這是有禪意的造景，讓人悟得人生如變色楓來來去去，但生命本質卻是長青樹永恆不變。另一角假山上置了紅葉樹和秋芒並列，一絢麗一蕭索，是秋季兩心，也是人生之秋苦樂參半之提醒。

看了兩天楓火熱情演出，第三天上午去大原三千院看阿彌陀寺前的紅葉，沒想到中午就下起雨來，雨愈下愈大，眼前的楓火如同烈焰被澆熄般，雨中紅葉情緒劇變，霎時最後的燦爛變成了遺憾，紅葉掉落濕泥中，萬紫千紅已過，美好紅葉時光化回塵泥。

京都一場觀楓，竟如一趟人生遊園，春櫻雖短，有夏綠等待，秋楓匆匆，更要加緊把握，秋去冬來，不必再留戀盛景了。京都紅葉情緒，也是中年的滋味了。

再晤奈良東大寺

想想都快十幾年不曾重遊奈良了，雖說每回到京都，人閒心閒時間也多，都有可能坐趟火車，即使是慢車，一小時也可以到奈良，但不知為什麼，在京都愈閒，人也愈懶得動，天天在京都城內那些古寺老鋪打轉，也就忘了奈良。

其實我對奈良的印象非常好，三十年前還曾一個人在那住了一個多星期，那麼小的地方，你怎能住那麼久？有日本朋友不解地問我，因為他知道我在大阪待不到三天就嫌煩。

我一直喜歡奈良那種古都兼小鎮的風情，下了近鐵奈良站，走路不到五分鐘就到了奈良公園，整個園裡都是不怕生的鹿群，睜著溫柔無辜的靈眼望著你，再多走幾步路就是美極了的東大寺，唐代宏偉的木造建築讓人一看心就開闊了。

今年二月初在京都過冬，適逢天氣最冷的大寒節氣，某日晨起，拉開窗簾一看，滿天鵝毛大雪飛舞，忽地想起十多年前在奈良遇大雪，突然就很想再看若草山被白雪遮蓋的美景。

一下雪，心反而動了，走在積雪盈尺的街上，東本願寺前銀杏枯枝已成雪樹冰花，這場雪來得又急又大，從昨夜下到今晨還意猶未盡。

京都去奈良，比台北去淡水還方便，從近鐵奈良車站走出，一種強烈的懷舊之情掩面而來，沿途慢慢走向公園，發現奈良變得不多，真不容易，比起來京都一蓋新車站後的市容變化反而更大。到了公園中，倒發現不少鹿都老了，從前好像沒這麼多老鹿，這些老鹿會是我十幾年前抱過的小鹿嗎？世事多變，能在今日與鹿相逢，也是人間難得的情緣了。

進得了東大寺，繞寺行走，看到了大佛身後兩尊護法，往前仔細觀賞，才發現早年忽略了這身後二尊，一尊是廣目天，一尊是多聞天，而大佛左右亦有一如意輪觀音，另一虛空藏菩薩。

原來我十幾年沒來，今日因大雪心動前來，就爲與此相晤，生命如法輪常轉，今日我忽然悟得了道理，我佛慈悲，讓世人向如意輪觀音求人間圓滿，但同時又不忘提醒我們別忘了虛空藏菩薩宣示的世事轉頭空。

眞好，我如今立在生命中年，如意與虛空，都懂得了半分情了。

卷四

情。

京都的街巷人生

來去京都多回，觀看千年古都的眼光早從觀光客的驚豔，轉換成旅人的銷魂，但心中仍有遺憾，雖然前往京都總盡量選擇不同的季節時令，春櫻夏蓮秋楓冬梅不想錯過，涅槃會、曲水之宴、葵祭、祇園祭、大文字火、時代祭也能趕上，但畢竟拘於旅行者的節奏，不能像居住者般和城市一起四季晨昏呼吸，其失落就如不能和摯愛的人天天膩在一起。因此，現今勤學日文的我，目的只為哪一年能放下身邊事到京都去好整以暇過上一整年日子。

連一整年待在京都的夢想都尚未能實現的我，自然對像壽岳章子這種生於京都、長於京都六、七十年，又始終熱愛京都的人心懷欣羡了，尤其看了她在一九八七年出版的《京都的街巷人生》（中文版書名為《千年繁華》）一書，更彷彿見到了一位年近黃昏的女人，用無比的熱情寫給她一生的情人一整本情書，這個千年繁華的京都就是壽岳章子永恆的情人。

回想一九八四那年冬天，我獨自一人在京都，春節時到金閣寺，看到厚大的白雪飄落在金箔寺頂上，多年後我才知道能看到這般如三島由紀夫形容過的景象有多稀罕，此後的京都已經十多年沒下大雪了。

旅行，本來就不只是三度空間的移動，還是時間和空間的四度遊走，好看的旅行書不少，但往往能讓人看完後撫卷思念不已的，大都寫自某個城市的居住者，而非來去匆匆的行旅過客。

海明威寫巴黎，杜瑞斯寫賽普勒斯，都好看在和所寫的城市情緣深重，沒有三、五年以上朝朝夕夕的相處，如何深情知心。但他們待得再久，依然是久居的過客，或是多年狂愛伴侶，絕非終生廝守的恩愛夫婦。

於是，在旅行書的天地中，就會出現某種書，作者彷彿不在旅行，因爲他們並未離開自己出生的地方，但他們用特別的方式，在自己所屬的城市中或漫步或亂走，他們像旅人般好奇身屬城市的身世，他們走得夠廣也走得夠久，因此除了地域的精細探訪來歷分明外，也一定會附上時光不斷流動的推移氛圍。也因此，這樣寫出的城市長居者的「旅行書」，往往是關於城市生命長河的生活書，也是關於個人、家族生命長河的記憶書。

壽岳章子寫的就是這樣的書，她回憶自己從出生到六十多歲的家居情景，不管是老房子的建築、家用掃帚的來歷、榻榻米的鋪設、全家大掃除的細節，都讓我們這些外來人得以窺知某些京都人是如何過日子的，如何戰戰兢兢地保存有如活古蹟的庶民傳統。

不識壽岳章子的我，看著她的書，卻忽然覺得好像遇到了從未聯絡的遠方阿姨，而她正陪著我在探訪她熟悉得有如掌心的京都。

我一邊看書，一邊覺得自己眞幸運能有這樣的阿姨，說故事給我聽，原來我去過的那家位於堀川三条通的「本田味噌」，那位能說善道的三輪先生，竟然是章子阿姨的家庭至交，而我也和她學到了煮白味噌麵筋湯時，加一點點芥末會有不可思議的美味。還有如今有名極了的「鍵善良房」，三十多年前用來裝葛切的陶瓷碗是名工匠黑田辰秋的作品，只可惜我去晚了一步，十多年前我第一次吃到的葛切已經是放在輪島的漆器內了。

如果說在日本東京人懂得現代文明，大阪人懂得世界貿易，京都人則最懂得傳統美學，而他們所珍惜的傳統，有千年光陰漂染過的味道，對略知中國古書的讀者而言，壽岳章子描述的京都日子，有著《東京夢華錄》裡開封城恍惚的情景，也有《夢粱錄》中杭州城飄忽的身影。原來，一千年悠悠的時光過去了，禮失求諸野的我們，看著壽岳章子寫到京都人如何小心翼翼地製和服、訂草鞋木屐、醃千層菜、做和紙等，竟然有點泫然欲泣了。千年文明不稀奇，德里、開羅、西安都有，但千年繁華不易；保存死古蹟雖難，但保留如活古蹟的傳統生活卻更難上加難。

然而，離壽岳章子出版《京都的街巷人生》後，又過了許多年了，在這個多變的時代，京都要比過去更辛苦地守護傳統。而不只是京都，每一個城市，每一個地方，都有其或長或短、或偉大或卑微的大小傳統，壽岳章子的書能帶給我們的領悟，就不僅在讓我們更充分欣賞京都的豐富肌理，更重要的價值其實在教導提醒我們要珍惜守護我們自己的傳統。台北的百年老店、五十年菜市裡的老攤販、遵循古法的烹飪與民間工藝，即使不如京都輝煌，卻也有其時間與記憶的幽光。

所以說，不管你去過或是否還要去京都，壽岳章子的書，都不只是關於京都的，還關於那些稍縱即逝的美好過去以及城市和生命的鄉愁。

陰陽調和之美的京都

親人的死亡，往往是個人感時傷懷的開始，逼使我們回頭去看生命的流轉，透過回憶去重新體驗時光的溫度、往事的重量。原來，許許多多我們收藏在意識底層的人生點點滴滴，已經化身成瓶中的精靈，等待主人的召喚現身。

壽岳章子的《千年繁華——京都的街巷人生》，寫於母親逝世之後，就像追溯母親的源頭般，壽岳章子以〈我家的居住風情〉、〈我家的服裝故事〉、〈我家的飲食生活〉、〈我家的精神生活〉爲引線，記錄了父母的生命故事與一家人成長的記事，整本書出現了許多生活的細節，像如何大掃除、換榻榻米，縫製和服，買草鞋、木屐，準備家中膳食，朋友交誼與京都的日常生活百態……。我們可以說，壽岳章子的京都第一部曲，是陰性的京都，關於她自己的母親也關於京都這個大地母親的家常性情，因此整本書十分溫暖、動人，有著深沉的慰藉，藉著京都人對日常生活之美的保護，讓我們沉浸在大地之母的永恆懷抱之中。

雖然京都第一部曲大受歡迎，但壽岳仍然等了五年之後，才提筆寫京都回憶的第二部曲。這一回寫作的情感動力，來自另一位親人的辭世，當壽岳開始追悼父親的往事，我無法確知她是自覺或只是我的個人臆測，關注的京都焦點，突然從上一本書的母親象徵家庭的女性角度，轉向了父親代表社會的男性思索。壽岳開始爬梳京都社會更深層的陽性結構的意識及能量。

如此一來，壽岳章子的京都二部曲《千年繁華2：喜樂京都》，以祇園祭的序曲爲開端就一點也不奇怪了。京都四時祭典一向是支撐京都社會運作的重要事件，四大祭中又以祇園祭最重要。長達一個月的夏祭，是凝結京都人身分認同的要角，連我這個異鄉人，幾次在京都遇上祇園祭，街道上鎮日放著如同催眠般如夢如幻的除厲樂聲，京都的時間就突然回到了遙遠的過去。在日本平安時代，經過了一次嚴重的瘟疫之後，京都人每年夏天都舉行祇園夏祭，催魂的古樂用來洗滌靈魂求神赦免保京都人平安。

「平安」一直是京都人心靈圖象中最重要的集體符號，從京都立平安王朝以來，京都人的父權形象一直是保護型而非侵略型的。壽岳章子在書中提到了日本最大的父權形象，在京都時的天皇是備受人民愛戴的父親，但遷都東京後的天皇卻變得令人畏懼。

日本的宿命，在明治天皇決定從京都遷至東京後，有了本質的變化。京都千年天皇一系，都聽命於平安王朝的神諭，其間政治或有動亂，但基本上京都這個內陸盆地的魂靈一直是以安定爲重。京都是內縮內省之城，皇城坐北朝南居中，上中下京爲骨幹，左右京爲輔佐，四方天下以向皇居臣服安定爲上，小小的京都城，人口一直都不超過百來萬，有千年古禮要守，野心從來不會太大。

但遷都至東京海灣的新都東京就不同了，從一開始東京的風水就不重中道。東京是擴張型的城市，從來沒有個中心，京都是向內看、向傳統回顧之城，但東京卻是向外看、向未來瞻望之都，沒有平安王朝之保命符的東京，遷都後就一連串地打起日俄戰爭、滿州戰爭、第一次、第二次世界大戰，這個東京，何其不平安啊！

京都人一直是日本反戰的大本營，壽岳章子在本書中以輕描淡寫的方式，寫出京都人對戰爭的無奈及厭惡，四条通上原本賣銅器的菊光堂，在二次大戰時，爲順應政府的徵召，只得把店內所有金屬製品全都捐出去，之後只好改賣茶具。戰爭所摧毀的，從來不只是人命，菊光堂原來的工藝文化的傳承就因戰爭中斷，而壽岳章子之後還告訴我們，這個當時下徵收金屬命令的工商大臣岸信介，在大戰後卻依然當上了總理大臣。

壽岳章子在書中描述的男性形象，不管是她那終生致力於英國文學研究的父親或篆刻家水野先生、觀世流能樂師浦田先生、扇骨師荒谷祝三、染織師池田利夫以及保護京都老街的政治家木村萬平先生，壽岳章子呈現的都是正面的陽性力量，這些建構社會職業骨幹的男人，是保護社會的父親，和滋養家庭的母親，一起攜手創造京都的美好生活。

壽岳章子的京都，是一則陰陽調和的神話，京都人曾經擁有美好的烏托邦，社會父親與家園母親相親相愛，就像壽岳章子的父母般，走過艱難的時代，建立了豐富完好的家園。而壽岳章子相信，只有能照顧人民，讓生活之美與平安傳承下去的才是理想的社會和國家。

京都是一個文明的隱喻，生活美學絕不只是消費性的能量，而是社會哲學性的動力，誓願過好自己平安美好小日子的人們，往往比滿口空言政治理想的人，更願意保存文明神聖的傳承，這樣的文明注重的是陰陽力量的調和而非對立。京都緩慢、念舊、保守的價值非但不反動，反而比政治的激進主義更進化。保存京都的價值，絕非只是維護京都的祭典、老街、手工藝、生活儀式……。壽岳章子要告訴我們的不僅於此，《千年繁華 2：喜樂京都》說的是京都文明的喜樂在於尊重文明平安的延續。

如何成爲京都人？

一九八四年深冬，我從東京坐深夜巴士，在黎明時刻抵達了京都，在東本願寺對面的旅館通，找到了一家今日仍存在的日式老旅館「桑長」住了下來。

當年一美元仍可換三百多日圓，我才得以在旅館一住一個多月，幾乎去了小小京都大部分該去的旅遊勝地。從此，京都就成爲我日後一再重遊之地。

如今，我已去過京都幾十回了，京都當非陌生之地，卻仍非熟悉之地。時候愈久，愈是覺得京都的門檻很深，幾十次之遊，還是很難見到京都的內在幽微。

我認識一位五代住在中京町家的京都女子說，只有三代住在京都市中心內的人才算京都人。按照這個說法，寫出京都《千年繁華》三部曲的壽岳章子住在向日市，而向日市不算京都。我所認識住在伏見（離京都市區不過二十分鐘車程）的今川氏，也說他不是京都人。

但奇怪的是，偏偏許多寫出關於京都美好文章的人都不是「京都人」。就像從東京遷居京都十二年的麻生圭子，住在古老的町家建築內，還被匿名的京都女人寫信諷刺她。就因爲不是眞正的京都人，才會歌頌町家生活。日本大文豪中以描寫京都著名的谷崎潤一郎、川端康成等等也都不是京都人。

京都的美好與傳奇，是否要隔著距離欣賞？就像愛情不能靠得太近，否則會看到千瘡百孔。

世界上有許多美好的古都，都存著共同的境遇，歌頌佛羅倫斯的人，鮮少不責難佛羅倫斯人的心胸狹窄。而同樣的是，不少旅人會說我愛巴黎但不愛巴黎人，京都亦是。夢想和京都朝夕相伴的人，搬到了京都，卻發現京都人並不太好相處。

麻生圭子就是憧憬京都的東京人，她以異鄉遊子之眼，才對京都之美特別敏感。京都是世上少見的仍具「自然本質」的都會，關於京都之「風」、「土」特性的描寫常見。因此麻生圭子以較少見的「水」、「火」特質出發，寫出了細膩深刻的京都水物語和火物語。

水火風土，宇宙四大元素組成了京都時間與空間的本質。在東方精神性世界的神、道、儒、佛思想之中，京都仍保留了強烈的萬物有靈與自然有道的世界觀。因此在京都平安王朝一千兩百多年的歷史之中，歲時節氣祭典行儀就成了京都人對應自然的生活之禮了。

麻生圭子之書《東京達人遊京都——京都的火水物語》，讓我們進入了京都神祕的地下水的世界，也了解了若水與茶道的關係。水是地球生命的源頭，京都人仍感念萬物源於水的創造，不管是鴨川之春的彌生到上賀茂神社的春日禊水祭，再到夏日土用之日的御手洗祭，二十四節氣的能量化成了日常生活的節慶流動。

京都的夏日風情畫五山送火與燈籠流，都見證了古代拜火的神事力量。當整個城市在精靈之火與神明之火光中，京都人的生命火種再度點燃。透過麻生圭子的描述，也讓我對多年前參與的觀光活動有了更深刻的理解與感懷。

麻生圭子整本書，就像書中她所介紹的水琴窟般，點點滴滴的水聲，一但聽過，就成了一生懸念。麻生所追尋的生活方式，修復一處荒廢的町家古宅，按四時節奏行事，找回人與自然交感的生活，世上少有一座城市，能讓文明與自然並存，京都神話的核心就在此。凡是懂得並遵行神話生活的人，都是眞正的京都人，麻生圭子讓自己成爲了京都人。

掀起京都的暖簾

如果把一座城市比擬爲一個情人，往往那些會爲這個城市情人寫情書的並非本地人，而是外地人，爲什麼呢？是否因爲本地人從出生就見慣一切，多了一些親近者容易有的埋怨，少了一份小距離帶來的美好幻想？

寫書描繪京都美好生活者，眞的是以外地人居多，川端康成、谷崎潤一郎、渡邊淳一都是外地人，連出生在京都市內但很小就搬到京都市外的向日市居住的壽岳章子，就算寫過三本膾炙人口的京都三部曲後，都還自謙她算不得眞正的京都人。根據京都人嚴格的門檻之見，只有祖上三代都居住在京都市區才算眞正的京都人。

但眞正的京都人卻很少出書談及京都的種種，是因爲內斂含蓄不喜張揚的個性所致，還是京都人眼高於頂，不愛和京都以外的外地人分享京都的私密呢？還是眞正的京都人早已習於一切美好事物只是平常生活，也就不必特別表白了，把京都當老夫老妻者，知道老伴的好，但怎麼還會寫情書呢？

還好麻生圭子是外地人，出生於東京的她，本是流行歌曲的作詞家，婚後搬到了京都，嫁的對象也不是眞正的京都人，而是東京人，但從大學起就在京都念書。這一對夫婦，在京都修復了古老的町家舊屋爲自宅，過起不少眞正的京都人都不能享有的町家住宅生活。麻生圭子也寫了好幾本書，都是以她親身體驗的京都生活爲本，她的書引起了許多「外地人」對京都生活的嚮往，過去十年，日本各地，尤其以東京爲主，都掀起了一股重新探索古都魅力的風潮。

誠如《麻生圭子的京都小巧生活》一書書名，和東京這樣的超級大都會比起來，京都眞是個小巧優雅的微形城市，大東京有二千多萬人，都市像個巨大蜂巢，充滿了東京人終生都無法看盡的空間，小京都至今卻只有不到二百萬人，仍是個東西南北都可以遠足的地方。

我自己從三十年前開始在東京和京都旅行，這兩個城市一直彷彿是我心靈的天平，東京代表慾望的一方，京都代表靈性的一方，隨著年齡的增長，京都所占的比重愈來愈強。但京都的靈性也並非沒有物質性，京都之美好即在於身心靈的平衡合一，不像東京的誘惑會帶來身心靈的失調。

尤其在過去十來年，從歐洲旅居回到亞洲定居的我，更深深爲京都這座東方理想小城所著迷，有著千年繁華歲月的京都，承襲了唐宋古代文明的城市概念，形塑成今日這樣宜安居宜漫遊的城市。

不少作者描述過京都生活的美好細緻，即使讀過幾十本書的我仍然「讀她千遍也不厭倦」，其中許多書都像情書，而麻生圭子也是寫京都情書的高手。

展讀《麻生圭子的京都小巧生活》，讓我很開心，書中記得的許多小巧事物，不管是京野菜、麩饅頭、千枚漬、朝掘筍、夏香魚、賀茂茄子、鯖壽司、丹波松茸、錦市場、京豆腐、美山町、祇園祭、千燈供養、嵯峨菊、御節料理等等，也都是我幾十年來京都行事點點滴滴的記憶。但麻生圭子畢竟是住在京都的人，她像個總是知道更多細處的好姊姊，正和我分享著她精心積累的悄悄話，讓我能像掀起暖簾般更深入地踏進京都人的生活。

又一本京都情書

看過幾本麻生圭子寫京都的書（《東京達人遊京都》、《麻生圭子的京都小巧生活》……），讓我對這位素未謀面的人，有了姊妹淘似的親切感。這位原本在東京從事流行歌作詞者工作的職業女性，在結識了也是東京人，但因就讀京都大學並在京都從事建築師工作的丈夫後，麻生圭子在十多年前遷居京都，而她的人生也因此展開完全不同的方向。

麻生圭子和先生租下了荒廢的老屋，修復成具有舊日風格的町家住宅，她並開始學習茶道、花道、懷石料理，就爲了不只是住老屋，也要活出京都的傳統生活風格。

麻生圭子這個外地人，可說是徹底被京都的文化領養了，她著魔似地探訪京都的山川自然。神社寺廟、風土人文、節慶祭典、美學風流、飲食滋味等等，她不斷地寫書、辦活動，接受東京雜誌的採訪，她也成了把京都幽微向全日本播放的人。

我曾說過，對某地文化如此熱情的人，很少是本地人，寫巴黎、佛羅倫斯、巴塞隆納等城，最精采者，竟然都是外來者，他們才能用與他者談戀愛、融合爲一的激情去把他城內化爲我城。

這樣的外來者偶而會犯一些小瑕疵，就像麻生圭子在本書中寫道，她曾把自己所住的位於今出川通以北的老屋稱爲町家，但老京都人卻不以爲然，指出過了今出川通就不算京都了。我可以理解老京都人的說法，因爲町家不只是指某種建築形式的老屋，而是指那樣的老屋當年被使用的狀態，町家是指從事某些傳統產業的商人工作兼住家的屋子。

但談戀愛的人，總有一些一廂情願的成分，否則也不會總看到京都情人的好，而很少看到壞，或者是看到了不好也不想面對。京都當然不是完美情人，老京都人對這一點最清楚，老京都人視京都爲一起過日子的老夫老妻，有情分也有恩怨，選擇繼續相處可以，但很少會有力氣去大聲張揚熱情。

但很少人會想看對某個城市的婚姻日常實況，我們想看的都是非日常的熱戀紀錄，我們想看寫給城市的情書。

我也是一個相當著迷京都的人，每年都會找時間去，二〇一一年三一一地震之後都還去京都看特別傷感的春櫻，也一直想從人生中抽空到京都去住遊一兩年，就像想跟心愛的情人同居一陣子一樣。

但我內心也知道，我這個外地人，在京都不必工作，天天看的都是美景、玩的都是美事、吃的都是美味，這樣的人生當然是非日常的，就像沒人一輩子都在談戀愛的，但京都可以讓我對人生的戀愛之情延續。

麻生圭子在本書中介紹的食趣，不管是花折的鯖壽司、麩嘉的生麩、末富的柏餅、瓢亭的朝粥、老松的夏柑糖、川端道喜的粽等等，也都曾是我三十多年來對京都食物情懷的點點滴滴，但這些美好的事物不是用來消費的，不能用觀光客的心態吃過即好，這些食物正如麻生圭子所云，是了解京都文化的翻譯機，藉著品嚐這些食物，得以細膩地感受京都的形、精、神於一體。

三十多年來我一直沒寫過京都的專書，也許就是因為有像麻生圭子這樣的作者住在那，寫出不少我的感觸，也持續地讓我深入了解我未知的京都事物，《小巧京都食導覽》當然會成為下回我再去京都時帶在手邊的參考書。

京都花街與藝妓專業的世界

有一回，和幾位企業家夫人上課，那陣子電影《藝妓回憶錄》正在上演，我問她們一個關於藝妓文化的核心問題：「做一名受歡迎的藝妓和成功的藝妓，你會選哪一個？」

對不了解藝妓文化的人而言，這是個難以回答的選擇題，兩者有何不同？難道不可魚與熊掌兼得？但在經我的背景說明後，這些企業家夫人都選擇要做成功的藝妓。

以上的題目，和我最近讀的《京都祇園３５０年經營學》，都是從經濟、商業、經營管理的角度來研究藝妓文化。作者把一本商學的博士論文拓展成豐富有趣的藝妓文化研究書籍，不僅詳細地介紹了外人（不只是外國人，包括一般日本人以及花街世界外的人）難以窺其貌的京都藝妓與舞妓的來龍去脈，並深入分析許多舞妓見習的育成制度、置屋與茶屋的分工、挑選顧客與付費的機制、京都花街彼此支援與競爭的系統等等，揭示了京都花街經營本質的專業，而這份延續兩百多年的事業體的主要經營者卻是職業女性。

不管從經營規模或經營決策的角度來看，《京都祇園350年經營學》打破了舊時代大部分女性無法在社會工作，以及少數只能靠身體賺錢的時代限制。花街的女性工作者賣藝與賣頭腦多過於賣身，花街是提供男性社交娛樂的所在，其實和經營現代演藝事業提供顧客歡樂的本質很相近。

一九八四年的冬天，我第一次拜訪京都，在東本願寺對面旅館通的日式旅館住了一個多月。那年冬天十分寒冷，京都觀光客不多，京都市的文化局和旅遊局合作推出了不少京都文化見習的活動，我付費參加了到角館參訪島原太夫的茶道（當時京都也只剩下兩位七十多歲的島原太夫，後來角館就關閉了）。另外還有免費到祇園甲部觀賞舞妓的演出。我因爲晚上的時間很閒，拿了免費票去看了好多次的演出，也因此對京都的花街以及舞妓、藝妓、太夫的養成文化產生了長期的興趣。

《京都祇園350年經營學》提供了非常複雜的文化研究材料，不管是從社會學、經濟學、性別研究、商業管理、文化保存等等面向，都提供豐富的了解京都以及日本文化的內容。

例如我在文章開頭提出的選擇題，看完《京都祇園350年經營學》一書的讀者自然會了解受歡迎的藝妓，也許一年出場三百天，可以拿到豐厚的花代（工作時數的出場費，如同今日的執行業務所得），但扣除治裝、化妝、交通等等昂貴的成本，眞正落入手中的錢是很有限的，尤其藝妓的社會地位不只和本人的才藝與美色有關，也和她所穿的和服有關（懂了吧！現代想躋身上流階級的女性爲什麼那麼在乎名牌服飾了）。高價的和服動輒上百萬到上千萬台幣（不是日幣哦！），再受歡迎的藝妓，就像今日天天有節目的女性演藝人員，能賺到的身家畢竟有限，否則爲什麼女名模、女明星還會想嫁大企業家或小開？

但成功的藝妓不一樣，她們出場不必多，多了她們的旦那甚至還會不高興，且那是長期支持她們的金主，也許從舞妓時期，就負擔起她們的化妝、衣飾及學習各種表演課程費用。支持藝妓需要的錢更多，舞妓不需穿太好的和服，藝妓卻必須比衣飾；舞妓住在置屋裡，藝妓還得有自己的房子、僕人加各種開銷。

如同《京都祇園３５０年經營學》一書中所說，好的置屋「母親」（非親生之母）會爲年輕不懂世故的藝妓（多約二十歲至二十四歲之間）挑選好的旦那，旦那不能只有錢而已，還要有相當的社會地位，因爲一位藝妓一輩子需要依靠的旦那不可能只有一位，如果因某大企業的社長旦那退休了，藝妓必須換旦那，後來接手的人也會考慮前任的旦那是不是符合眾望。如果藝妓跟過不太稱頭的旦那（像黑道或醜聞纏身者），將會造成她的身價大落。

京都花街非常注重藝妓和日本傳統文化保存的關係，到花街找藝妓的顧客，絕不是只爲找女人尋歡，這些人要有一定的文化素養。他們會在乎藝妓身上的和服是否夠格（例如書中指出京都織品同業的聚會，絕不會找穿次等和服的藝妓出場），因此會懂得品鑑藝妓身上的西陣織、友禪染，會欣賞藝妓演出的三味線和茶道。這些人彷彿共同組成了日本傳統文化生活延續小組，藝妓等於是活古蹟，而顧客是參訪古蹟的人。

花街對京都不只有提供觀光收入的價值，對維護京都傳統工藝的貢獻也不小。想想看，除了京都御所的皇親國戚外，誰像藝妓有能力支付各種昂貴的費用，不管是和服的製作、維護、穿用、髮型髮飾的修整、茶器具、花器具、金銀工藝、茶屋的傳統建築設施、高級料亭的設備……，凡此種種，不僅是重要的經濟消費，也提供傳統工藝延續的錢脈，再加上茶屋、置屋女主人及藝妓高明的眼光，也維持了傳統工藝的品質（沒有好顧客，哪有好工藝師）。

爲什麼此時此刻，我們需要讀這本《京都祇園350年經營學》？絕非只從異色的眼光去探奇，京都花街的高度專業技能，可提供今日許多衣食住行的服務業參考的面向。如果說職業無貴賤，那是指把專業做好的人，一群讓世界陷入災難的金融家，不專業、不值得尊敬之處，當然比不上好好提供專業服務的京都藝妓。

對幾乎所有的日本人來說，
京都是他們的精神故鄉，也是日本歷史的原鄉。

世人不愛說嗅花香，而要用聞法的聞來代替嗅，
恐怕就是知曉香不僅要用鼻子嗅，更可聞入耳根心腸。

櫻花似人生，如露亦如電，
雖然年年有美景，景在人卻未必在。

我們沿著哲學之道或小溪散步，
總是看見那些順水而流的花瓣，不知流向何處？

牡丹在眾花皆美時在一旁寂寞，
但等其他花兒都謝時，
卻輪到牡丹碩大地放肆地嬌豔地怒放。

庭園造景清敬和寂，
在若有若無之間，人與自然天人合一。

人生由中年步入晚年時是否也該有生命的壯麗演出？

立在生命中年，如意與虛空，
都懂得了半分情了。

卷五——言。

我的京都歲月

（演講文字整理／連秋香）

歷史之原鄉——日本人的精神故鄉

放眼全世界，京都眞的是一座非常特別、極有意思的古城。

然而，在日本歷史上，第一座古都其實是「平成京」奈良。不過奈良建都的時間只有短短八十餘年（西元七一〇年至七八四年），之後便遷都長岡京，也就是現今的京都府向日市，從京都車站搭火車，僅短短十幾分鐘路程，離京都相當近。屬同一府，但不同市。

當時的桓武天皇（西元七三七年至八〇六年）爲何選擇遷都長岡京（西元七八四年）？這牽涉到奈良時代的三個重要勢力，第一是天皇本身的勢力；第二是大貴族莊園的勢力；第三就是大寺院的勢力。當時佛教已從中國傳入日本，早期信仰佛教的多是貴族，貴族跟寺廟之間於是發展出非常密切的關係，佛寺儼然變成很重要的勢力中心。多年以後，桓武天皇發現他留在奈良，已經疲於對付這些大寺院跟當時的大貴族，所以決定遷都長岡京的時候，他便規定：只有政治的單位可以伴隨天皇遷至長岡京。

我去奈良旅行過。相對於日本其他城市如京都，今日的奈良仍保持一抹蕭瑟的氣息，除了小小的奈良市中心，郊外有一大片古墳區。讀過日本上古史之後，我才意會到奈良的氣氛爲何一直比較陰森。

桓武天皇遷都長岡京後，陸續發生了一些憾事，包括皇后、皇太后相繼罹病過世。日本歷史上也記載了一件有關桓武天皇遷都之事。當時桓武天皇的繼承者是他的親弟弟早良親王，桓武天皇懷疑弟弟預謀叛變，就將他流放。但在流放途中，早良親王因覺得自己很冤枉而絕食身亡。據歷史所言，桓武天皇等於變相地害死了弟弟。沒多久，桓武天皇將繼承王位的兒子也生病了，於是他請了一大堆懂占卜、研究曆法之術的陰陽師到宮裡來，詢問爲什麼變故接踵而至。桓武天皇得到的回覆是早良親王的冤魂在作祟——這聽起來完全像是陰陽師的故事——只要繼續待在長岡京，就無法擺脫早良親王的怨靈，唯一解決之途就是遷都，而且要遷到一個很安全的地方去。也因此，桓武天皇便做了遷都這個重要的決定。

桓武天皇花了兩年的時間尋找，看遍日本各地風水，最後才在陰陽師的布置之下，選定京都（平安京）這塊由天皇和陰陽師認爲的風水寶地之處。日本崇尚陰陽道，至今都還遺留陰陽師這樣的傳統。陰陽道的傳統對中國來說，不應是陌生的東西。可是說實話，除了一般對道教比較有接觸的人，否則近代的中國人可能熟悉佛教、熟悉基督教，對於陰陽教卻不是那麼熟悉。

日本承繼了早期的陰陽道、陰陽文化，這也一直是日本的文化之一。從中國周代、秦代、漢代到隋唐，日本不間斷地來學習他們想要的東西，在文化傳承的過程中，更是從來沒有揚棄早期文化。日本文化傳承一脈相連，這與中國的狀況大不相同。

當時建蓋平安京時，參照的理想都城就是長安城（並非今日的西安）。建造當中，有許多符合風水學的概念，譬如陰陽師在選擇一座城，最重要的是東方要有青龍，西方要有白虎，南方要有朱雀，北方要有玄武……後來京都這個地方雀屏中選。當年它只是一大塊荒蕪之地，但這塊荒地東邊有一條鴨川——他們稱爲青龍的地方，西邊有山陽道——白虎，南邊有巨瓊池——朱雀，北方則有玄武——船岡山、鞍馬山。這四個地方，就像四神獸一樣守護著京都這個盆地。

就這樣，桓武天皇當時所建立的都城——京都，便成爲至今人們所知最悠久的日本古都，之後一千兩百多年未再遷移，期間天皇制度一脈相傳。我們也可以由此合理推測，京都做爲都城，對天皇血脈甚具保護作用。

直到明治維新時代，日本人覺得不能再繼續待在京都，因爲京都基本上位居內陸、是一座封閉的城市，而且充滿日本過去傳統的美學與意識型態，因此明治天皇與維新政府，做出遷都江戶，並改名爲東京的重大決定。但倘若我們從歷史的因果來看，遷都東京後的日本歷史發展，朝著負面的方向前進——日本開始捲入戰爭，軍國、帝國主義抬頭，甚至還發生了關東大地震……。就某種程度上來說，日本遷都東京後，開闢了海洋領域；它面對東京灣、是一座面海的城市，基本上是希望面向世界的，這和京都是一座盆地、內向封閉、自給自足的城市很不一樣。遷都東京，可說讓日本從此步上不同的命運。

京都曾是日本一千兩百多年的首都，東京從江戶時代發展至今，不過四百多年。對幾乎所有的日本人來說，京都是他們的精神故鄉，也是日本歷史的原鄉。

孤懸之島——有「亞洲的英國人」之稱

在歐洲，除了英國千年不墜，歐洲大陸各國不斷地交戰，多數文明古國已經因爲戰亂融合，文化消逝而不復存在。而日本可說是非常幸運，從未被外族統治過。從早期桓武天皇的傳說，即使歷經二次世界大戰戰敗，日本天皇制度幾乎完整保存下來。

世界上有很多繁榮的古都。而被稱爲「古都」的地方也多的是，不算稀奇，可是時間長達三百、五百、七百年的古都就不容小覷。

爲何日本擁有這樣獨特的身世和遭遇？如同剛剛所提到的英國那樣——

日本的地理位置太好了！英國和日本都曾與大陸相連——不列顛列島與歐亞大陸西側相連，日本列島則是與歐亞大陸東側相連。兩萬多年前，大陸與列島兩邊的人其實是可以互通的。之後冰河時期來臨，海平面上升，英國與法國之間出現英吉利海峽，日本與中國之間也有海峽產生。後來，日本就成為「孤懸」於中國之外的島嶼，這樣的地理位置與英國非常相像。也許基於這個原因，英國日本這兩個國家會彼此惺惺相惜。

我在倫敦旅居時，碰到一些英國人或日本人，他們都覺得日本人是「亞洲的英國人」。而英國人則認為，在所有亞洲國家當中，他們跟日本人是比較能溝通的。兩者之間哪裡相像呢？譬如日本人與英國人（僅就狹義的英國人來說）都非常多禮、重視禮儀；擁有強烈的皇室觀念，一直保持尊敬皇室的傳統；兩國人民平時都很客氣，但不是那麼容易相處。我想，在英國、日本留學、生活過的人都知道，要打進英國人或是日本人的生活圈，是多麼困難的事情。在英國，不論你英語說得多好，他們永遠都能挑出毛病；在日本，他們最怕日語說得還不錯的人，這會讓他們處於一種不習慣的狀態。此外，這兩個民族特別喜歡穿深灰、深藍、黑色的衣服。台灣人以前其實不太能接受穿暗色系的衣服，但是在一九八〇年代，有一段時間開始流行「黑美學」，而這些深灰、深藍，尤其黑色的概念，就是來自日本的影響。

在八〇年代，台灣興起一股親日、哈日風潮，而在當時是以東京爲主流的一種日本消費文化。譬如我們知道日本人喜歡把電視機隨便看看就丟出去，任何東西只要用一下就丟棄，在東京可以到處撿東西……，但京都完全不是這樣。京都的文化，一直是個以「再生」爲主的文化，京都的飲食，我們常講日本有很多速食文化，相關產業發達，可是在京都，保留著一種跟東京截然不同的價值。基本上，京都是一個重視本土傳統、再生文化跟一種去文明的地方。東京則是一種用後即丟、侵略性的文明，也是一種擴展的文明。這和兩個都市的地理環境相關，一個是可以不斷填海造陸的海灣城市，一個是四邊群山圍繞的盆地，在地理上就是完全不同的概念；東京三天兩頭就地震，但京都並不會隨時地震。

我常講臺北、臺灣，爲什麼我們的政治或常有很多事情都亂糟糟的？其實只要想到我們雙腳踩踏的地底下隨時會有地震發生，這地方的整個氣數就不可能太安靜。全世界地震頻率最高的地方在哪裡？是義大利的拿坡里和西西里島。我們常忽略地底下流淌的能量，與地面上居住的人之間是生氣相通的，難道你眞的覺得，住在一個地面下方地震頻傳的土地上，住在地面上的人就會很平和、很寧靜嗎？這是不可能的，全世界找不到這樣的例子。只要查查全世界地震最頻繁的國家是哪些？土耳其、墨西哥、義大利。而全世界地震最少的國家又是哪些？英國。再查查其他有地震和沒有地震的地方，或者有颱風跟沒有颱風的地方……。

京都的地理位置極佳，凡侵襲日本的颱風，大都向著南九州或是東北地方而去，京都鮮少遭受颱風侵襲。所以，我們常說風水寶地跟人氣之間的關係，一個文化是不是平和，一個地方的人是不是能好好發展……這其實跟地理、氣候等因素都有關連。京都文化與全日本或全世界相較，有一個最特別的地方。世界上有很多地方，譬如義大利或法國，都在討論慢食（Slow Food）的概念。可是在京都，你會發現根本不需要和當地人談什麼是慢食文化。其原因在於，當一個地方必須要談慢食文化時，那個地方就很危險了。或者，我們可以說當任何地方必須要談某種特定的概念時，就代表該地方其實缺乏那種概念。活在一個事物當中，是不會要去談那個事情的，因爲你早已擁抱它，享受在其中。

仿京都之城——德川家康的江戶幕府

日本平安時代的僧人最澄和空海，曾被選派前往中國唐朝學習佛教。學成回到京都之後，就發展出十分重要的兩個佛教派別：最澄在比叡山開創了天台宗；空海在高野山開創了眞言宗。佛教在日本不僅有派系，而且有其傳承。一般遊客在日本旅遊時，會看到許多外觀上看起來類似的寺院，但對於了解日本佛教文化的人來說，一看寺院的建築或庭園，就立刻知道屬於哪一個派別。不同派別的佛教，會有不同派別的美學和整體環境。譬如我們在宇治那邊看到的平等院，其中的最勝院就屬於天台宗，而京都的智積院就屬於眞言宗的系統等等。

早期日本佛教的天台宗與眞言宗，以貴族和皇族爲主要的信仰者，至於淨土宗的發展，則讓佛教開始走向庶民化。大家都非常熟悉的京都東本願寺與西本願寺，就屬於淨土宗的寺院，還有臨濟宗的天龍寺，以及枯山水概念……。至於鹿苑寺（也就是金閣寺），本來根本不是一座寺院，而是幕府將軍足利義滿的別墅，後來才改成金閣寺，屬於臨濟宗相國寺派。龍安寺屬於臨濟宗妙心寺派，內有聞名世界的枯山水庭園。臨濟宗、曹洞宗都屬於禪宗體系。在京都，你要區分一間寺院是否屬於早期的天台宗、眞言宗，年代是一個很重要的區分。不同的信仰，其實也會形成不同的美學。

比方說，在京都若要看很古老的皇族文化，不可能在西本願寺、東本願寺看得到。豐臣秀吉、德川家康非出身貴族，但織田信長是。日本歷史上有一些趣聞記載，像是豐臣秀吉雖然出身不怎麼好，但畢竟跟隨過織田信長，一輩子喜歡結交的女性，統統都出身上流社會，這是跟織田信長學來的。可是德川家康就大不相同，他的妃子統統都出身低下，他不喜歡上流社會的人。

日本戰國時代，最後統一在德川家康的手下，開啓了兩百多年的江戶時代。日本人曾分析這三大武將，爲什麼最後是德川家康得天下？德川家康所有的政治及用人的風格，都是平民化的，譬如他用人最重視的是對方忠不忠誠，但織田信長和豐臣秀吉用人重視的是對方有無能力和出身好不好，並未完全以忠誠爲主。此外，德川家康連日常生活都很樸素，他剛開始當家的時候財務狀況很好，這就是他後來可以得天下的原因。

德川家康後來被封爲江戶幕府的第一代「征夷大將軍」，當時日本雖有天皇，但實際掌握政權的人是征夷大將軍。德川開設江戶幕府，他所創建的江戶城，就在今天的東京千代田區。至於江戶的古區，則位於淺草一帶，這是江戶時代來臨前最鼎盛繁榮的商業中心，是屬於四百多年歷史的江戶風格。但如果去的是像自由之丘、六本木……等地，那是明治時期以後才發展起來，不是江戶時代的風景。

日本歷史書上記載，德川家康建立江戶城時，做了一件很重要的事情——由於江戶本身不具青龍、白虎、朱雀、玄武等風水地勢，因此仿傚了整個京都的布置；他特別將東照宮遷到東邊去，做了一個也是風水學上面的安排設計。所以，日本陰陽師說整個江戶城的安排，是德川家族維持了兩百六十四年產業的關鍵原因。

京都之旅——川端康成的《古都》

日本文學家川端康成出身大阪，一生命運崎嶇，兩歲時失去父親，三歲時母親也去世了，之後由祖父母扶養，成長於大阪和京都之間的鄉下（事實上並非屬於京都）。七歲時祖母去世，之後便和又聾又瞎的祖父相依爲命，而唯一的姊姊就託給舅父舅媽照顧。十歲那年，姊姊去世；十六歲那年，祖父也過世了。至此他成了徹徹底底的孤兒。川端康成一輩子都強調他是個有孤兒意識的人，這也影響到他在文學上的表現。

川端康成後來一直強調京都是他的故鄉。就地理位置來說，其實不然，但若視爲他精神、心靈上的故鄉，這倒是可以成立的。

川端康成一生著作豐富，並以《古都》、《千羽鶴》、《雪國》三部作品，以日本人第一、東方人第二之姿，榮獲諾貝爾文學獎。他另有一部作品——《伊豆的舞孃》也是大家耳熟能詳的。無論是把川端康成當做諾貝爾文學獎得主或是文學家，上述四部作品，除了能把它們當做純文學來閱讀，也可將其當做想像的旅遊文學來看，因爲這四本書都特定描繪某一個可以去旅行的地方，譬如《伊豆的舞孃》描寫伊豆一帶，年輕人住在旅館裡的樣子、舞孃坐什麼船來，既是個虛構的故事，同時又充滿許多時、地、人的細節描述。《雪國》的故事背景則是在新潟湯澤溫泉，描寫關於靈性與肉體之愛的追求。《千羽鶴》是川端中年以後的作品，地點在鎌倉，以一個不倫之戀故事呈現，探討日本茶道文化。

《古都》是川端康成在一九六一年所寫的作品。就文學性而言，日本人一直以來對《古都》的評價不是很高，認爲它比不上《雪國》以及《千羽鶴》。日本人認爲諾貝爾文學獎之所以特別讚譽這三部作品，是因爲對外國人來說，川端康成的《古都》、《雪國》、《千羽鶴》中所描寫的「最日本」——最像標準、古老的日本。

川端康成從小就很善感，對日本傳統很有興趣。他對國家大事、戰爭議題無感，並說他的作品永遠在探討女性精神。二次世界大戰期間，他閱讀了《源氏物語》，這部經典之作對他的影響很大。儘管許多文學家覺得《古都》的文學性不及《雪國》，但如果以旅遊文學角度來欣賞，川端其實非常盡責地將古都引人入勝之處、像拼圖一樣，統統嵌在小說故事裡，譬如每一個月分該做什麼，對於許多重要祭典，也有仔細詳實的描述。

《古都》講述的是一對孿生姊妹千重子與苗子從小分離、再相逢的故事。京都是一個階級伸延的城市，分爲上京（上流社會）、中京（大商人、中產階級）、下京（賣泡菜、掃帚之類的小生意人）。窮人則住在郊外，就連語言都因階級差異而有不同的用法。小說主角千重子就在中京這樣的環境長大，養父是個綢緞商人，但不會做設計。後來千重子和朋友去平安神宮看櫻花，感傷自己是個棄兒的境遇；也去嵯峨野，帶著京都老店「森嘉」的湯豆腐，去尼姑庵探望父親；之後又前往北山，她的朋友在那裡看到一個跟千重子長得很像的女子……。

若以《古都》書中所描述千重子走過的路線，可以規畫出許多條京都旅遊路線。這本書有點像一部紀實文學，川端康成花很多篇幅描寫沿途風景，儼然成爲一幅古都風情畫，可以透過川端康成之眼，欣賞京都之美。

如果用色筆將時間、地點畫起來，就是京都一整年的重點旅遊路線，可以當成了解這座古都的歲時記。

日本人眼中的京都人，是最含蓄、最不易了解、最隱藏的一個族群。京都人說的日語和東京不同。川端康成在完成《古都》一書後，裡頭關於京都的用語還要交給京都人進行確認、修改，否則會遭人質疑不像京都人所說的話。

在日本，尤其以奈良到京都爲主，京都語和中國的吳語之間有很密切的關連，也有學者特別到蘇州，研究吳語和京都語的關係。日本作家渡邊純一就形容：「京都語像是女人說的話。」聽起來像糯米一樣黏黏的，很柔軟，這和蘇州話、古吳語是近似的。一般人聽很道地的京都語，不是一下子就聽得懂，就跟一般人聽吳語無法馬上聽得懂一樣。在北海道長大的渡邊淳一說，到東京生活一、兩年之後，就可以騙人家說他是東京人，沒有人會發現。若將小說主角設定爲東京人，是不會出問題的，讀者不會質疑他這個來自北海道的作家所寫的小說主角，說的話一點都不像是東京人。

渡邊淳一寫過一本小說《化身》，這本小說對他來說眞的非常難寫，原因在於他花了十多年的時間跟藝妓交往，才有能力寫一本跟京都女人有關的作品。他在接受訪談時說，他的文字從來都不讓人家修改的，可是《化身》書裡凡是京都話、吳語的部分，全部都找京都人修改過，否則京都的讀者一看就說裡頭講的根本不是京都日語。以作家來說，根本就沒有達到代表當地人來發聲的能力。

京都之食——和敬清寂的美學

關於京都，我想推薦一位日本作家壽岳章子。她的父親是教授，母親是作家，住在向日市（京都外圍），在她六十多歲、母親去世後，完成了《千年繁華》這部作品，書中大量描述戰後京都的庶民生活。

壽岳章子對京都人的一切十分好奇，但對於從小生長在上京、中京、下京的人來說，一切都是理所當然。壽岳章子和家人雖在文化上參與京都生活，地理位置上卻不屬於眞正的京都。有一次，家裡認識的報社朋友要報導京都女孩，壽岳章子也是其中一位受訪者，但另一位受訪者——她的同學就質疑道：妳又不住在京都，怎會是京都女孩呢？

壽岳章子的作品裡也描寫了湯波半老鋪的豆腐。京都有一些老鋪，在忙碌的時節，通常只招待「老顧客」，即使你當下想花錢買也吃不到。因此有些人很討厭京都人，覺得他們既有其派頭也勢利。然而，京都人特有的派頭跟錢無關，其實豆腐皮也不算頂貴，店家在測試的是客人的忠誠度，這當中又關係到「品味」。一般人說的品味多是與錢有關，也就是用錢可以買到的一個牌子，譬如花錢買ＬＶ的皮包；另一種是用人情味才能買到的品味。像我在威尼斯的朋友，一家三代都在同一間老店訂製鞋子，每年都要固定到那間店去做一雙鞋子，就這樣演變成家族傳統。在京都，有些和菓子老店開了兩百五十年，有些還維持十三代、十五代，甚至十八代之久，這代表其中有很堅深的傳承。

在日本，沒有其他地方可以用一座城市的名字——「京」，來描寫許許多多的事物，譬如「京時間」——意指很緩慢的時間；「京情緒」——指的是一種很浪漫、很美感的情緒；「京料理」——指京都特別的料理。

整個京都是日本傳統文化的一個寶庫，像和服的傳統就是以京都爲主。還有高級的草鞋、木屐，如今在京都還是有很好的銷售成績。京都的木屐價錢高低落差很大，有些木屐一雙可以賣到好幾萬日圓。以前我對木屐的印象不是很好，覺得它很重、不好穿，但到新竹內灣，在那裡發現用松木做的木屐，才體驗到好的木屐穿起來非常舒服，它其實有點像是名牌的涼鞋。現在只要想到穿木屐就覺得很快樂。而這也是前面所提到，除了品牌、人情味之外，質感也是一個品味的重要關鍵。

在京都，有很多事物會比一般東西貴，譬如「內藤掃帚」。壽岳章子的書裡描寫家裡年度掃除時，每一扇窗的木格從上到下都要擦，每一個縫隙都要清，整個榻榻米全部拆開……全家動員一起大掃除。這裡頭有一些細節，若用懷舊的眼光來看是滿美的。再者，書裡也談到昂貴的和服，和服有很多的單衣，即使沒穿過幾次，每年仍必須一層層拆開、讓它伸展一下。壽岳章子在書裡描寫掃除的時候，也提到她父親說，「工欲善其事，必先利其器」。京都人心中普遍認爲比較好的就是內藤掃帚，它的縫線和捲線會比較少……普通一把掃帚可能只需要三、五百日圓，好的一把約需兩千多圓，不過榻榻米掃起來會有很大的快感。

對我來說，如果問我要用兩千多圓買一雙涼鞋、高跟鞋還是一把好掃帚，我會選擇買一把好掃帚，因爲兩千多圓買不起質感很好的鞋子。也由此可見，京都有一部分生活美學是相對昂貴的。

壽岳章子的書裡也提到「本田味噌」，位在一条通，價錢比我們在迪化街，或是日系百貨公司所買的還要貴，但基本上它是非常新鮮的味噌。書中還提到聖護院的蘿蔔，長得圓圓大大的，把它削成一片一片，排成一朵大花……有一次我拿這種蘿蔔給父親看，他說這種蘿蔔沒有辣味，吃起來軟軟的，當下喚起他對故鄉蘇州的飲食記憶。而京都馳名的懷石料理，是千利休發明的，至今京懷石料理仍以擺盤華美出名，也會根據春夏秋冬四時來變化。懷石料理的源起，是和尚修行時肚子餓了，就拿一塊溫熱的石頭放在腹上，這樣就可以止飢——溫石止飢。由此可知，眞正的懷石料理是有吃不飽的意思。今天台灣吃懷石料理吃得飽，其實都不是眞的懷石料理。

這麼多年來在京都旅行，我一直想做一種「比較」——比較京都文化跟吳文化之間的關係。例如京都人在夏天喜歡吃，如今在台灣百貨公司也買得到的三色艾草丸子，跟我清明時節造訪蘇州時所吃到的，完全是一模一樣的東西。包括雅樂、食物、衣服……等，京都眞正的古文化淵源其實正是蘇州。我們也許永遠無法得知西施穿什麼衣服，但我們可以想像，出身江浙的西施，穿著應該與吳服相去不遠。

我在京都還曾造訪過一間專門販賣蕎麥的店，名字叫「虛無蕎望」。蕎麥本質上是一種非常具有僧氣的東西，也像是僧人或是修道之人。蕎麥麵看起來粗粗、黑黑的，吃的時候只沾一點醬油。其實，人往往變得太複雜，搞不清楚是嘴巴在吃東西，還是心在吃東西；是眞的蕎麥麵好吃，還是心裡認定它是美味的，它就愈來愈好吃？簡單的美味，反而讓人有更多反身自省的空間。

有一次，父親從上海帶回一包蕎麥。在此之前，我從未跟父親討論過蕎麥的用途或文化意涵。父親告訴我，他想要吃蕎麥麵，這是他們上海老家的家傳美味，還說我的祖母、我的母親都知道怎麼做蕎麥麵：蕎麥籽磨成粉之後，一般人都會加一點高筋麵粉來製麵，但如果是手藝好的人，可以只單用蕎麥粉來捏麵團，不過難度很高就是了。記得父親說，「我要拿去給水源市場裡的老師傅做蕎麥麵來吃。」

後來我問父親，除了製麵，蕎麥還可以做什麼？他說，蕎麥用途很廣，譬如製了麵之後，蕎麥籽可以放在枕頭裡面，做成蕎麥枕頭……。我聽完之後真的非常感慨。在京都，任何一家傳統老旅館提供的枕頭，都是裡面放蕎麥籽的蕎麥枕頭。只要留心，就會發現這兩地之間的文化，竟擁有如此奇妙的關係。

我們常以「和敬清寂」四個字來形容京都的料理。「和」指的是五味調和、五色調和。日本料理一定由五種顏色組成——黑、紅、白、黃、綠，譬如一定會有黑豆，或者放一點黑色的芝麻，加上一點紅心小蘿蔔；秋天時放一片或幾片楓葉，或是擺上菊花；春天則放一點櫻花；冬天會放一點假冰當做雪……。基本上，五色調和、五味調和或是五形調和，說的就是這個傳統。「五」這個數字，在中國過去的文化中是非常重要的；而在日本的傳統文化裡，「五」也是一個重要概念。試想，在西方會有五個杯子的組合嗎？一定是六個杯子一組。但我們在日本任何地方去買餐具組合，一組一定是五個——五個盤子、五個杯子、五個碗……。「五」是日本文化中一個非常重要的概念。

如果能用一種欣賞文化的心情在京都旅行，當一個文化見習者，就不會覺得在京都消費高昂。有一次我在祇園附近發現一間店鋪，裡面只賣梅子，其中有一種醃了四十年的梅子，一顆要價約台幣三百元。我看了之後就對先生說，「吃一顆吧」。我的生活哲學是，把一件事當成藝術，或當做見習一場精采的表演，若此生能把這種參與的心情或過程分享給幾十個親朋好友聽，一切就值得！這三百元買到的梅子眞的比較好吃，不見得它做得眞的很好，而是因爲我從頭到尾花了三十分鐘品味那顆梅子，這種一點一滴慢慢吃、拿在手上深怕它會掉的心情……這些通常是小孩子在擁有一樣珍愛之物時的情緒表現。一直用口水去咽它，到最後就會產生一種幻覺，彷彿領略到日本那種已發揮到極致的美。這三百塊，以這個角度來看，就花得很值得。

京都還有很多很昂貴的東西，可能是一般人比較沒有辦法見習的。譬如「友禪染」，動輒十幾萬元，但有一些很好的東西我還是願意掏錢買。譬如說筷子，雖然我們平時都在使用，卻很少人會用很好的筷子。買一、兩雙很好的筷子送給自己在煮特別的東西時使用，雖然一雙筷子可能要價台幣五百、一千，但因爲每次使用都很珍惜，一千塊的筷子就變得很值得。很多東西，我們不應該只看價格，而是應該看它在我們心中的價值到底有多少？

京都之憶——一座屬於三十五歲以後的城市

我一直對京都文化非常感興趣。二十多歲時，我就曾在京都住了一個多月。我一直以來都認爲，有些城市屬於二十幾歲的人，有些屬於三十幾歲的人，有些則屬於四十幾歲的人。像東京或紐約——我二十多歲時也曾在紐約待過一段時間——就屬於二十多歲。二十多歲時去東京，會覺得哪裡都好玩，晚上會跑去六本木之類的地方。可是我在三十多歲後，就開始對東京、紐約喪失興趣。

我認爲像京都這樣的一座城市，就是屬於三十五歲以後的城市，甚至是一座四十歲的城市。人非要有某種歷史的世故，或者文明的敏感，或對生活中大大小小儀式的細心之後，對這樣的城市才會比較感興趣。

對我來說，大阪完全是一個可以跳過的城市。東京也有好一陣子沒去，但每年大概都造訪京都三、四次，選在不同的季節前往。我對京都一直存有一種矛盾情節，矛盾的原因在於日本跟中國、臺灣之間的複雜關係，這個情節都會成爲歷史情感當中一些幽暗的部分。每回到京都，總會觸動我一些情緒……我去過的國家和城市何其多，也喜歡不同的地方，可是我對京都的喜愛，包含歷史文明與個人身世的前世今生之感。

從第一次到京都，一直到後來經年造訪，每當我在那邊都會覺得想哭。原因就在於我對中國歷史的情感，如今只能在京都找回。我在京都，看到涅槃會，我看到秋水祭……如今在中國，誰還在紀念這些？我還發現，在京都有人穿著正式的唐衣，甚至在庭園、洄游式的池園當中，看見有人乘著有酒氣的小舟在你面前泛過。這些畫面，好像白居易的詩，好似中國古詩裡頭的記憶，它們變成「活的傳統」呈現在世人眼前。在那個當下，眞的讓人心生文化遺產被人掠奪之感。養子變成正宗，嫡子竟不如庶子。

無論服裝、音樂，日本能劇裡的雅樂，其實和周代的雅樂有關。事實上，《周禮》當中所記載的許多祭典和儀式，都在日本保存下來。爲何如此？最簡單的答案就是，中國改朝換代得太厲害，而文化慢慢在改朝換代的過程當中變成一個個碎片。我們這個文化，是由許許多多不同的文化碎片所組合而成。不同的文化碎片當然有它的有趣之處，但若每一次改朝換代的過程當中，後來的政權都不尊敬早期的文化碎片，會讓原本的文化碎片碎到難以辨識的地步，碎到拼不出原先的祭典、原先的食物、原先的建築、原先的服裝。

文化碎片太多無法拼湊還原，這點令人感慨。我經常會在日本、在京都拼湊我對中國歷史文化的記憶，每次拼到一半都會悲從中來，反而更有「其實我還是身在日本」的強烈感覺，日本和中國之間的複雜情節，造成文化認同上面的歧異，甚至在日本人當中也分成很多不同派別。京都算是比較好的，它是在日本裡少數知道他們的文化跟中國文化有相當程度的關聯，譬如知道漢字的淵源，知道吳語的淵源……這是文化傳承一個不同的狀況。

京都是一座時令感非常強的城市。我雖去過京都數十次，只要在我還沒去過的時節前往，都會發現不同的東西。早春和晚春去，市場裡的東西就不一樣。所謂「不時不食」，京都人是謹守四季更迭在過日子的。但是，明治天皇在遷都東京後，將明治五年改爲明治六年，把舊曆（農曆，屬於陰陽合曆）改成新曆（西曆，屬於陽曆）。這是我比較無法認同的一種做法，原因在於：舊曆和新曆應該並存，正如華人文化裡同時兼具舊曆和新曆。我們現在到日本會發現一個問題——以往祭典基本上都是按照舊曆的時間，但改成新曆之後，祭典卻仍依原訂的日期進行，造成祭典與時令不符的情況。譬如日本的「盂蘭盆節」（相當於華人文化圈裡的中元節），在舊曆的七月十三至十六日舉行，明治維新改爲新曆（西曆）之後，舉辦的日子依舊不變。後來雖改爲新曆的八月十三至十六日舉行，時間還是不對，多少失去了祭典的眞正文化意義。這是明治維新之後留給京都一個最大的問題。現在很多京都的節令在時間點上有問題，就跟日本曆法的改革有關。

對於第一次造訪京都的旅人，以四季來區分，夏季是最不適合前往的，因爲京都與臺北相似，屬於盆地地形，夏季高溫悶熱。川端康成的書裡提到京都女孩在夏天會打陽傘，原因是京都人認爲女孩曬黑就不美了。雖然京都夏季炙熱，但還是有幾個重要節慶吸引觀光客，現場萬人攢動。也因爲天熱的關係，會有一些好玩的事物因應產生，譬如在鴨川旁，會有用木板搭設，讓人可以在水邊享受美食的「納涼床」。有一次，我赫然發現地圖上面搭蓋納涼床的地方其實也是鴨川，但卻是鴨川的支流，名叫「禊川」。我一看那名字都要掉淚了。在中國，元代以後就看不到這個字了，「禊」是什麼意思？「禊」指的是一種行爲，在水邊吃東西才可以叫「修禊」，在別的地方吃東西不能叫「修禊」。古代有祭水神的傳統，祭水神之後要在水邊吃東西。由此可見當年在京都替那條川——它很小，甚至不叫川，只是支流——取名叫「禊」的人，文化知識傳承自中國。他完全明白其中的含意爲何。

京都之味——千年傳統的氣息交融

京都有幾樣東西是非常獨特的，所謂「獨特」，是指全世界沒有其他城市是真的跟自身的千年傳統氣息完全融合在一起，沒有其他地方跟傳統之間有那麼親密的關係。這樣的親密關係，反應在很多面向上。

以食物來說，直到今天，京都人還在吃「麩」（相當於我們熟悉的「麵筋」），是在街坊鄰居家中都可以見到的食材，其歷史可追溯至中國唐、宋，但如今在中國，還有多少人把「麩」當做日常的東西在吃？

京都的豆腐也是遠近馳名，譬如《古都》一書中提到的老店「森嘉」湯豆腐。我有個習慣，每到一個地方吃川菜，就會問店家一個問題——你的麻婆豆腐，用的是老豆腐還是新豆腐燒的？要是得到的答案是用新豆腐燒的，我就知道那一餐不妙了。麻婆豆腐一定要用老豆腐來燒，千萬不可用像是中華豆腐、大漢豆腐這樣的新豆腐來燒，新豆腐不吸肉，也不吸辣汁，用新豆腐燒出來的麻婆豆腐，怎麼可能會「入味」呢？

舉麻婆豆腐，是要說明中國絕對可以稱得上是豆腐的民族。可是今天我們在中國大陸任何地方，可以吃到的豆腐種類有多少？而我們在京都又可以吃到多少種類的豆腐？我們還在吃腐皮，但是已經很少人會吃「腐衣」，我們的文化裡也不太吃新鮮的腐衣了，更不用說還有多少人會用鹽滷去做最自然的豆腐了。很多人到京都會吃葛切。葛切是唐代仕女貴族吃的東西，就是用葛根磨成粉之後做出來，有點像綠豆粉，吃起來Q軟有勁。在唐代的書裡提到的葛切，就是京都的美食之一。

在京都，光是泡菜、漬物的種類就有上百種，且都是按照四時製作，不時不食。還有必須符合生產地域與品種才能稱之的「京野菜」，譬如聖護院大根（白蘿蔔）、九条葱、賀茂茄、伏見唐辛子、京筍等等，基本上就是要在明治維新以前就種植的品種才符合資格。不管是食物，還是祭典（當然祭典還是有舊曆與新曆轉換所產生的問題），這些傳統，其實都跟京都一千年前的文化沒有太大差距。

我參加過京都幾個祭典，每年七月的祇園祭規模盛大，而且相當有趣。

有一年我參加祇園祭，認識了寫下《喜樂京都》和《千年繁華》的日本作家壽岳章子。當時她身體微恙，但仍找了她的學生和幾個京都在地朋友帶我去參加祭典。原先我並不是那麼了解，但那一次我終於明白，爲什麼京都人那麼重視祇園祭？因爲在京都，有非常多的祭典，其實都不是發源自京都，譬如若水祭、秋祭、曲水會等，都是傳承自中國。傳承自中國，代表著一種正統歷史地位的意義，對貴族尤其重要，因爲貴族是延續正統文化的代表，於是他們就穿起唐代那些貴族的衣服，等於在宣示、告知天下說，我就是一脈相傳的正統。

但如今在京都，祇園祭是三大祭典之首，是一年當中最重要的祭典，「葵祭」和「時代祭」都不是，因爲葵祭、時代祭都有官家宣示的意味，宣示一種正統文化。而祇園祭源自日本中世紀，相傳在西元八六九年，京都爆發瘟疫，中京和下京一帶的商人就舉辦祭典，請出祇園八坂神社內的神像巡行，祈求潔淨及消除瘟疫。如今，只要在七月分到祇園一帶，不管走到哪裡，都會聽到一種像催眠似的音樂。那是一種古樂，是用來除癘、除瘟疫的。大部分的店家，都會遵循傳統，播放這種音樂。

舉辦祇園祭之後，京都浴火重生，於是京都人決定每一年七月都要舉辦一次祇園祭，有山鉾大遊行，由不同的商店自行主辦，一個月時間有十七場不同的祭典。祇園祭屬於自發性的民間祭典，而這個民間祭典，反應出京都人對於祇園，對於這個城市的文化認同，這個認同和我先前說的歷史上的認同不一樣。這是對社群的認同，所以在京都，你會發現民間的人或社會中產到中下階層的人特別在乎祇園祭。只有我特別熱中秋水會，因爲我是帶著古老的中國記憶去，所以對那些會特別在乎。但是只要問京都在地人，他們都會說，最重要的當然是祇園祭啊！因爲祇園祭是屬於他們的祭典。

關於京都，我大概可以說上三天三夜。京都還有我覺得應該要告訴大家的，或者應該要談的，包括京都文化裡頭的服裝、建築、祭典……。京都是一個值得一再造訪的城市，不只是春櫻飄雪，不只是秋葉染天，不只是美好的食物。從春夏到秋冬，從二十到三十、四十、五十歲……多理解這個城市的歷史文化，才能體會一個文明的悠遠漫長。

古都物語——府城臺南vs.千年京都

（演講文字整理／連秋香）

過去十年，我最常去的兩座城市，大概就是臺南和京都。

如果你只是去一座城市旅行，就意味著你和這座城市在談戀愛而已；

如果你可以到一座城市居住，那麼就意味著你和這座城市在同居；

而如果你移民到一座城市，就代表你和那座城市結婚……。

和城市談一場戀愛

我很喜歡到臺南演講。很多人到臺南演講，當天晚上就會搭高鐵回去。而我每次到臺南，都當做是生活中的小旅行，演講只是個藉口，讓我可以在這裡多待一、兩個晚上。

談到城市，我去過上千個大城小鎮，還有一本小筆記本，專門記錄去過哪些地方。有些城市或小鎮我可能只去一次，但會在生命中留下一些記憶；

有些城市會讓我像隻候鳥般不斷地想要回去，有的甚至去過三、四十次。

爲什麼會有一個不是你出生或成長的城市，卻和它結下那麼強烈的情緣呢？像我這麼愛旅行的人，跟城市建立的情緣，也許會比跟情人的情緣要來得多和廣。人到了一定年紀，不太可能擁有許多情人，也不太會和別人談論這類情事。可是，當城市成爲我們的情人之後，我們可以常常回去探望。好的情人城市，改變眞的不多，像巴黎二十幾年來的改變，比我們的情人，甚至比自己本身的改變還少很多。也就是說，情人城市可以變成比較永恆的記憶，你可以跟別人分享說有多喜歡京都，多喜歡巴黎、臺南……。我們把城市當情人時，就意味著可以不斷重溫和這些城市的情感。

烙印心間的臺南味

臺南在我生命中是一座很重要的城市，原因有兩個：其一，因爲它是我外婆和母親出生、成長的城市。母親畢業於臺南師範學校，大約二十幾歲時離開臺南，而外婆直到五十幾歲以後才離開故鄉；其二，因爲是外婆和母親的故鄉，所以小時候常常和她們來臺南探親。我有許多食物的經驗，大約是在七到十歲之間形成的。

我常說，食物是一種語言，也可能是一種方言。對於異國食物來講，它是一種語言，如果你從小就吃義大利菜、法國菜，那就意味著你會異國的語言。如果你從小就吃異國的食物，那麼你就是食物的多語人。如果義大利菜、法國菜很早就留在你的味蕾當中，你就懂得那個語言，不會覺得是在吃外國菜。在許多不同的國度裡，食物不見得是一種外國語言，但它是一種方言。如果你不是從小、而是長大之後才吃某種食物，就無法眞正體會食物最道地的滋味是什麼。

我們常說味蕾的啓發，愈早吃不同的食物，愈早說不同的語言，這樣我們就能擁有一個多語言（方言）的經驗。所以，小時候和外婆、母親來臺南是很重要的經驗，也許記憶中有某些經驗和大家差不多，像是去東門圓環吃菜粽，沾店家自己煮的油膏，然後配味噌湯……這對一個小孩來說，卻是一種很不一樣的感覺。

食物有時候不只是食物，它不僅能填飽肚子，還常常喚回生命當中的記憶，所以食物有點像是帶路人或觸媒劑。旅行經驗豐富的人，有時候走在街上會滿街都想吃，因爲滿街都是記憶。我記憶中有所謂「童年的臺南」，基本上，「童年的臺南」就是外婆的美食路線與地圖。印象中，三、四十年前的沙卡里巴比現在繁榮，就連當時的民族路也都比現在繁榮。那時候的小吃在生活中是很重要的元素，大多在傍晚時就售罄，是一種慢調子的文化。

臺南的美食路線與地圖，事實上也影響外婆搬到臺北之後的生活。我童年時住在老北投，外婆家與我們家的距離，走路只要約十五分鐘。老北投當年住著許多三邑人，三邑人當年跟著明鄭在安平登陸之後，同時也有一批人在滬尾登陸到北投發展，所以北投舊街的歷史，最早可以回溯到明鄭。以整個臺北市來講，北投是充滿悠久歷史的所在。

童年的時候，可說到處在「嚐」味道；少年時，我們到處「尋找」味道；到了青年時期，是去「玩」味道；成年以後，則在「品」味道；可能要到中年時才「知」味道，不斷地去「回味」。我覺得人生最美好的經驗就在於回味。

回是兩張口，比品少了一張口；品味是三張口分開，而回味卻是兩張口相疊，這代表嘴巴的口和心口可以連在一起。這樣才是人生眞正嚐味、尋味、玩味、知味的階段。

在生命的發展過程中，很多事情彼此之間會有關聯。從小我最常聽外婆說臺北的東西沒有臺南好吃，直到如今，二、三十歲的臺南年輕人也會講同樣的話，所以不是我的外婆倚老賣老，而是臺南人對於在地飲食文化感到驕傲。

當年外婆最喜歡帶我去艋舺龍山寺正對面、如今已經不存在的「龍山商場」。日本人早期在臺灣的建設不是非常多，但在一八九六年（日治時期的第二年）就興建他們心目中類似淺草的龍山商場（華西街前身），由此可知龍山商場在日本人心目中的重要性，不僅具有觀光價値，也有其地方性的特別意義。直到一九六〇年代，外婆帶我去龍山商場時，她仍然認爲那裡的東西是全臺北最好吃的，不過還是比不上臺南。

我們現在常比較各個不同的夜市……在我「知味」以後想來，其實臺灣早期沒有夜市，只有早市，白天拜陽廟，晚上拜陰廟；早期廟口多半是早市，後來才演變成夜市。臺南現在很多地方仍保持早市的傳統，像水仙宮最熱鬧的時間是早上七、八點到下午一、兩點；龍山商場當時也是如此，最熱鬧的時間是早上六、七點到下午兩、三點。早期龍山商場有不少攤商都是從臺南北上前去設攤，所以對外婆來說很重要。我也因此在童年時養成對臺式飲食的喜好。

「臺南經驗」醞釀的「探索驚豔」

我高中時讀了太多文學、藝術的作品，也開始寫現代詩，當時心性很不定，所以高中就念了三所學校。當年轉學到臺南女中時只有十七歲，父親只講了一句話：「要轉學，也可以考慮新竹或臺中啊，爲什麼一定要去臺南？」主要有三個理由：第一，就是臺南是母親和外婆的故鄉；第二，因爲臺南的東西很好吃；第三，當時和我一樣不乖的高中小男朋友，也由建中轉學到新營讀書，我們這對苦命鴛鴦就可以在臺南相逢，這在當時，是一個很重要的原因，而那段時間也奠定了我和臺南很特別的緣分。

現在有了高鐵，我每年都會和先生固定來臺南七、八次，每次都住個兩、三天，前一陣子甚至住了快一個禮拜。我記得當時父母親幫我找到一間很好的民宅，就在府前路和開山路交叉口的巷子裡，一棟兩層樓的洋樓。當時房東其實不需要把房子租給一個臺南女中的學生，因爲房東在臺電公司服務，照理說根本不需要房租收入。那他爲什麼要租給我呢？因爲他的女兒念長榮女中高三，他心裡一定想，臺南女中學生八成很用功，能跟他女兒有所競爭，兩個人每天在一起一定會認眞讀書，於是欣然同意把房子租給我。一直到現在，我都覺得對那位房東感到抱歉，他怎麼也料想不到竟然來了一個很不用功的女孩。

臺南我最喜歡的一條路就是府前路，出門往左可以走到東門圓環吃菜粽、意麵；往右走兩分鐘就有蝦仁肉圓，五分鐘就到莉莉冰果室，五分半鐘是福記肉圓；往下走就到小西門圓環喝蓮藕茶，再往下就是下大道保安宮那一帶。那是我第一次離家外宿、自己生活，有零用錢在口袋裡，三餐全部外食，愛怎麼吃就怎麼吃，每天光是計畫放學後要去哪裡吃東西，就是生活很大的樂趣。我人生第一杯木瓜牛奶就是在臺南喝的，當時臺北沒有這種東西。我記得我是在民族路那邊喝到的，喝完覺得很放鬆，於是每天晚餐都去喝木瓜牛奶，一次喝三杯，有一陣子我的晚餐都是木瓜牛奶或是水果冰。

臺南對我而言到底具有什麼意義呢？我想，最重要的意義就是我可以開始去探索這個世界，這也可能是我人生初次旅行的經驗。對於早年的我來說，臺南經驗不見得是好事，因爲它讓我過早擁有自由，而那種自由使得我在二十歲前後都不太乖。但是對我人生長期的路而言，臺南經驗是很好的，因爲它奠基了我探索的本能，進而去了解這個世界、了解生活……。我很早就養成這樣的習慣，而這習慣使得我直到今天都是一個探索型的人。現在，無論把我放到世界上任何一座城市，我都可以自在生活，由此也能看出當年一個十六、七歲小女生在臺南生活的原型。

成年後的「情人城市」

離開臺南之後，有相當長一段時間我很少回去。大約一九八〇年代左右，那時年輕人的心都是在遠方的，於是我開始在全世界跑來跑去，差不多有二十年的時間都在到處旅行。那時候，臺南對我來說並不是地圖上一個很重要的據點，反而是四十歲之後再回到臺灣，發覺臺北對我來說很重要。人一生當中喜歡的情人城市可能很多，可是屬於童年、少年的玩伴城市不多。走在馬路上，走在任何街道的轉角，可以看到你的生命、記憶像紀錄片一樣在眼前流過的城市不多，能跟你生命史接觸的街道也不多。臺北和臺南在我的生命中擁有我所珍惜的片刻、記憶，所以這兩座城市對我而言，就會有不同的意義。我不管多喜歡舊金山或巴黎，這些都是我二、三十歲以後的城市，那裡面沒有童年的我、沒有少年的我，只有成年以後的我。

我去過上千座城市，也是一個很喜歡回憶的人，常常在睡前回憶往事，不過通常三、五分鐘後就進入夢鄉。我和親友相約，根本不怕對方遲到，不論把我放到咖啡館或任何地方，只要一有空檔，我就會回憶以前有趣的事情。我的先生常講：「妳的人生回憶會不會太多？」我回答：「回憶很快樂啊。」我手邊有幾百本筆記本，每一本都密密麻麻記滿東西，有的筆記本只寫所有去過的城市，在不斷書寫喜歡城市的名字時，其實就是在釋放情感的能量。人不斷釋放情感的能量，就會過得很快樂，也會過得很豐富。我常想：要找快樂有什麼難呢？拿一本筆記本把所有喜歡吃的東西寫下來，你就不大會得到憂鬱症。大家不妨試試看，在空白筆記本上頭寫下喜歡的人或城市的名字，效果不輸讀佛經或聖經。它其實就是一本經書，不斷重複的一種行爲。

我對城市眞的很博愛，會去發現城市的某些優點，也常常在回憶上千座城市的時候讓我覺得很傷感，但我很快地告訴自己不能如此。人生眞的很短，最長不過百年，能夠重複去的城市眞的不多。而我是一個對城市記憶很清楚的人，會想到一些比較沒有名的城市，這輩子可能不會再去了，會記得那邊的餐館、那邊的街道，那裡的一花一樹、一草一木，雖然永遠不會再看到了，可是它就在心中留下一些記憶。

最想「同居」的城市

還好，這世界上有些城市可以重複去，尤其年紀大了、時間空出來了，人就會想有哪些城市是得空時會重新回顧的。在過去十年當中，如果離開臺灣，只要我有時間就會想去，甚至被我先生說妳可不可以換個地方去的地方就是京都。二〇一一年日本發生「三一一大地震」之後，我還是去了京都。很多人說發生「三一一」妳還去，那眞是死忠。當時身邊很多朋友都取消京都旅行的行程，其中原因可能是別人家裡發生那麼大的天災地變，怎麼忍心去。但我仍舊前往的理由，是想起了李漁在《閒情偶寄》裡所描述的「不敢不樂」——比我早出生的死了，比我後出生的也死了，我們活著，天天都有死亡來……天天望著北邙山麓，只要想著死亡天天在發生，我就不敢不樂……。

那年我造訪京都時，人潮比較清冷一點。早年我喜歡去哲學之道，或是去人煙比較稀少的地方賞櫻，如果看到一群穿著廉價西裝、套裝的年輕人，吃著便利商店買來的食物大聲喧譁，心裡都會覺得櫻花被這些人吵得受不了。但二〇一一年的感覺就完全不同了，一樣有年輕人做著同樣的事，站在旁邊看著他們，我的眼眶濕了。我在想，「三一一大地震」當中，有多少年輕人被海浪捲走了，甚至比他們更稚嫩的生命也死於非命。站在我眼前的這些年輕人，誰知道明年他們會不會還站在櫻花樹下呢？所以，他們現在這樣在櫻花樹下賞櫻喧鬧，我們能夠說發生三一一災變就不要喧鬧了嗎？人生如此匆促，沒有人知道明天會如何。櫻花和楓葉不同，一陣大雨來就可能落櫻滿地，因此它象微著一種青春的稀有。

如果選一個最想前往居住的異國城市，我最喜歡的就是京都。光是京都一個地方，我就去過數十次。我常說，如果只是去一座城市旅行，那就意味著你和這座城市在談戀愛而已；如果可以去一座城市居住的話，我們叫「Long Stay」，那麼就意味著你和這座城市同居，大家應該明白同居和戀愛是完全不同的感覺；如果移民到一座城市，那就代表你和那座城市結婚。

通常，我們和一座城市最美妙的經驗，可能是戀愛和同居。像我跟倫敦曾經結婚過，有美妙的時刻，也有結婚之後會覺得比較累的時候，因爲考慮的事情就不是那麼簡單。到目前爲止，我在京都最長不超過一個月，不能說是晨昏相隨、朝夕相處，但可以說多年來依舊保持在戀愛階段。我通常會在行事曆上記載哪段時間在京都待過，然後找不曾待過的時段前往。

過去十年，我最常去的兩座城市，大概就是臺南和京都。基本上，我對我的人生還蠻滿意的。我在很年輕的時候能在歐洲居住，也可以到世界各國旅行，某種程度我的心也滿足了，是時候交出自己。我的弟弟跟妹妹都在國外，一個在美國、一個在荷蘭，所以當我覺得必須照顧父親時，我告訴自己這幾年不遠遊。如果你是一個喜歡旅行的人，千萬不要說我以後再去，以後也許有更重要的事情要做，比如說照顧父母。所以在人的一生中，如果可以找到適當的時間點，就要好好傾聽內在的聲音，好好安排。

一座城市的核心文化事物

我先生常問：「妳覺得臺南很像京都嗎？」我覺得臺南至少比臺北像京都，或者說，臺南和京都有某些相似之處。當然它們先天的規格是不一樣的。京都是日本平安王朝到明治天皇遷都東京之間，一千兩百年的繁華之地，它的規格可說是天皇的規格，而臺南的規格是明朝末年寧靖王的規格。在飲食方面，臺南是以庶民小吃爲主，而京都是以天皇腳下的料理爲主。

雖然這兩座城市在規格上面不同，但在一些細微之處可說是「小同大異」。那個「小同」非常有趣，第一在於它們都有古都的氛圍。譬如，臺灣唯一眞正的古都就在臺南，而對日本來說，京都當然就是古都。說來不好意思，我覺得自己對京都還熟過臺南，其中一個原因就是在市面上關於京都的書起碼有兩百本，而有關臺南的書大約幾十本。踩著前人的肩膀看事情，相對而言，京都就比較容易了解。

每一座城市都有它的核心文化事物，通常一座城市的文化密度或文化底蘊夠深的話，你一定能替這座城市寫出一百項核心文化事物。如果不行，那就表示這座城市的文化在某種程度上有些問題，它的文化沒有眞正累積起來。

如果你是臺南人，應該要準備一本空白筆記本，寫下你心目中臺南的一百項核心文化事物，而它們就代表臺南。譬如，南管雖然不是臺南獨有，鹿港也有，可是臺南振聲社的南管特別重要；或是漢餅，高雄也有一些老糕餅店，像「舊振南」，但它是從臺南搬到高雄去的；還有泉州潤餅，當然也跟臺北的潤餅不同。這些核心文化事物可以幫你了解這座城市核心文化的構成。

雙城魚之味

虱目魚全臺灣都吃得到，但是臺南的最有名。像水仙宮市場有幾攤賣虱目魚的就處理得很好，他們把虱目魚全身上下各個部位，無論魚頭、魚肚、魚刺、魚腸、魚尾都處理、分解得漂漂亮亮。在臺北，大概只有大龍市場能買得到這樣的虱目魚，其他市場買不到。虱目魚的味道很容易改變，所以最好吃的虱目魚大約賣到中午就結束，因爲到了下午、晚上味道就不一樣了。就像早期臺南的牛肉湯，溫體牛肉大都在清晨三、四點處理，所以中午以前的牛肉湯比較好喝。臺北人大多晚上吃虱目魚，很多台南人就笑說他們吃的是死了一天的虱目魚。

在臺灣，當然是臺南人最會吃虱目魚，因爲我外婆是臺南人，所以我小時候常在外婆家吃各種虱目魚的料理，像魚尾巴就用薑絲或味噌處理，魚肚和魚腸用煎的，而魚頭則用滷的。我常開玩笑說我生命中有兩個食神，一個是父親，一個是外婆。我自己和這兩個食神都很合，可是這兩個食神彼此不合。我以前和外婆、父親去北投市場，通常一個市場會分成兩邊走。像我外婆會買地瓜葉、虱目魚、赤鯮這類食材，但我從小到大，不曾看父親吃過。父親喜歡吃黃魚，但外婆覺得黃魚沒有赤鯮好吃，可我就是同時喜歡吃黃魚和虱目魚的人。我從小剛好生長在融合的口味當中，當然這也跟獨特的臺灣文化有關係。而臺南人不管到任何地方，都會把他們對虱目魚的喜愛一起帶著。

大家知道其實倫敦買得到虱目魚嗎？倫敦也買得到空心菜，而賣這些食材的都是非裔移民。第一次看到時，原本以爲非裔移民的口味和我們一樣，經過仔細研究之後，才知道不是因爲他們本來就喜歡吃虱目魚和空心菜，而是臺灣農耕隊發現當地環境合適，於是就把養殖虱目魚以及種植空心菜的技術傳授過去。

相對於虱目魚，在京都就是一種臺灣稱做香魚的「鮎魚」（あゆ）。比較講究的京都人，愛吃野生的鮎魚。早期日本人曾在新店溪放養過鮎魚，後來新店溪的水質改變後，鮎魚曾消失一段時間。如今在坪林地區復育鮎魚計畫成功，就像復育櫻花鉤吻鮭一樣，終於又在溪裡現蹤。如果有機會在六月時前往京都，別忘了去吃鮎魚。其實鮎魚的吃法和虱目魚一樣講究，烤的時候必須抹上一些鹽，而且魚頭、魚身和魚尾要用不同的溫度烤才會好吃。

在臺灣，如果我們去一些烤魚或烤肉的店，你會看到裡頭的師傅就跟壽司店師傅一樣，烤東西時手勢一直在改變，因爲在烤不同部位時，所需要的溫度是不一樣的，如果不這樣烤，再好的魚也烤不出好味道。臺南有一家我最喜歡的小吃店，在天公廟旁邊、早上十點半前可能就賣完的豪華虱目魚丸冬粉湯，其中的虱目魚肚、魚身……每一小部分都處理得很好。像這類店家大概都工作到中午十一點半或十二點，也能過日子。他們過著小日子，做小買賣，而我生平最怕看到小吃店在做大批發。

意麵、牛肉湯……對比不盡的好味道！

臺南人大概是全臺灣最懂得吃意麵的，這和意麵是由鄭成功的伙伕帶進來有很大的關係，而京都人則是對吃蕎麥麵特別講究。臺南人還有吃牛肉湯當早餐的習慣，這代表府城四百年來其實是一個以工人和庶民階級爲主的商業城市，而不是以農維生的地方，農人不可能早上起來吃牛肉湯。牛肉湯成爲這座城市庶民、甚至仕紳的食物，其實就代表這座城市的性格。京都吃牛肉的習慣其實比臺南晚，直到明治時代以後才開始。明治時代日本人開始向西方學習、脫亞入歐，他們發現吃牛肉的民族大多能戰勝吃豬肉的民族。果不其然，日本人開始吃牛肉之後，還眞的把俄國人打敗了，也把他們心目中強大的中國打敗了。相對於臺南的牛肉湯，京都就是明治牛肉鍋，但是價格卻比牛肉湯高昂許多。

還有很多跟食物有關的例子，可以用來做爲兩個城市之間的比較。相對於京都的京菓子，臺南就是漢餅；春天吃的代表食物，在京都是七草粥，而臺南是潤餅（春捲）；在麵食部分，京都最有名的是蕎麥麵，而臺南最有名的是擔仔麵；日本最好的豆腐——京都的京豆腐，可相對於臺南的安平豆花；京都的鰻魚飯，相當於臺南的鱔魚意麵；臺南人吃的紅麵龜，可相對於京都人吃的銅鑼燒；臺南人喝四神湯，京都則有土瓶蒸；臺南的愛玉（或米苔目），則相對於京都的葛切；臺南有水仙宮市場，京都有錦市場，那裡有許多京野菜，隨著四季更迭販售。

此外，京都人曾經受荷蘭影響喝豌豆湯，臺南人也喝豌豆湯，可是臺南的豌豆湯不大相同，變成香腸熟肉的豆子湯，實際上就是學荷蘭人的豌豆湯，也是荷蘭人留在臺灣一個重要的記憶。豌豆湯是荷蘭的國民湯，而臺南香腸熟肉的豌豆湯，則是稀釋數倍的版本。

除了飲食的對比之外，臺南成功大學的地位就如同京都大學；臺南基督教長老教會的長榮中學，就等同京都的同志社中學；京都的高瀨川運河，可相對於臺南的臺南運河；京都的嵯峨野，則相對於臺南的四草隧道；京都最重要的路樹銀杏，等同於臺南的鳳凰木；京都的平安神宮相當於臺南的延平郡王祠。相對於臺南的五妃廟，京都則為將軍塚……。

給臺南人的詩意提醒

臺南當然是個很不錯的地方，但其實臺南人還可以做更多，把臺南打造成一座更美麗的城市。以京都來講，幾乎每間寺廟、每一個庭園，一年到頭，從一月到十二月、每十五天就會栽種不同的花。臺南也能這樣做，就算不為現在的人做，也可以爲五十年後的臺南人做。其實所有寺廟的傳統，都跟植物的關聯很深，寺廟的文化就是守護花草植物的文化。如果現在臺南開始種花，若干年後，一到十二月每間寺廟都有不同花期，能看到不同的花，生活在這樣的城市裡就會感到很愉快。花最重要的意義，在於提醒人們現在是什麼季節，這是一種最詩意的提醒，是我們跟自然感應的方式。

臺南這座城不大，在北迴歸線以南。這讓我想起在西班牙由阿拉伯人發展起來的塞維亞（Sevilla），街道起碼種了十幾萬棵橘子樹，每年一月橘子花開，整座城市黃澄澄的，都是橘子花香。臺南的街道巷弄如果從現在開始有計畫種樹的話，三十年後這個地方可不得了。臺南有很多巷弄跟矮房子，如果每一戶人家都可以在自己門前種盆景，美麗馬上就會呈現出來。樹木和盆景是讓老城的味道最容易被看見的方式，也是我覺得最有效的方法。如果大家都這麼做，整座城市的氛圍就會改變。只要做到這一點，再來談精緻、典雅、細膩就容易多了。

一座不跟別人賽跑的城市

除此之外，我如果去京都，一定會去鳩居堂看書法。一座城市如果有寫書法的風氣，那座城市就是「慢城」。臺南相對於高雄和臺北來說，當然可以算是慢城。城市應該利用它的核心文化，當做城市的利基。臺南如果要往「快」方面發展，可能很難與臺北、高雄匹敵，應該反其道，運用原本就有的東西，而書法就是很好的文化事物。臺南應該發展成一座寫書法、種盆景、下圍棋的城市。透過政府的文化活動推廣，讓很多來亞洲或臺灣旅行的人，知道臺灣有座「慢城臺南」，那裡有很多藝品、飲料都是手工製成，有很多喝茶的空間，還有一些書法屋，這些東西可以成爲一個有觀光吸引力的城市核心。尤其，臺南有很多寺廟，寺廟如果把寫書法變成每天例行活動的話，會讓這座城市成爲一個文化保存的城市。

文化保存不只在臺灣，所以臺南在發展文化保存時，不能只想到臺南和臺灣，應該想到「東方」，應該想到「亞洲」，甚至應該想到現在全世界的人所共同追求的東西。臺南能把格局放大到世界文化當中，和世界上有心過比較有內涵生活的人互動。

我們可以運用臺南的在地文化，但是也要想想全世界到底要什麼？像京都就是一個很好的例子，它從來沒有想跑在前頭，像日本其他地方追求時髦，結果卻變成全世界的人都跑在京都的後頭。因爲京都是一座生態城市，一座沒有跟別人賽跑的城市，反而讓京都文化成爲日本文化當中最前進的文化。

二十一世紀已經不是後工業文化當道，如今最重視的就是生態、自然、文化保存。城市的競爭絕對不是去和別人比誰跑得快，而是做自己的事情。臺南人應該從現在起開始認眞思考，如何成爲文化的領導者，而非文化的追隨者。

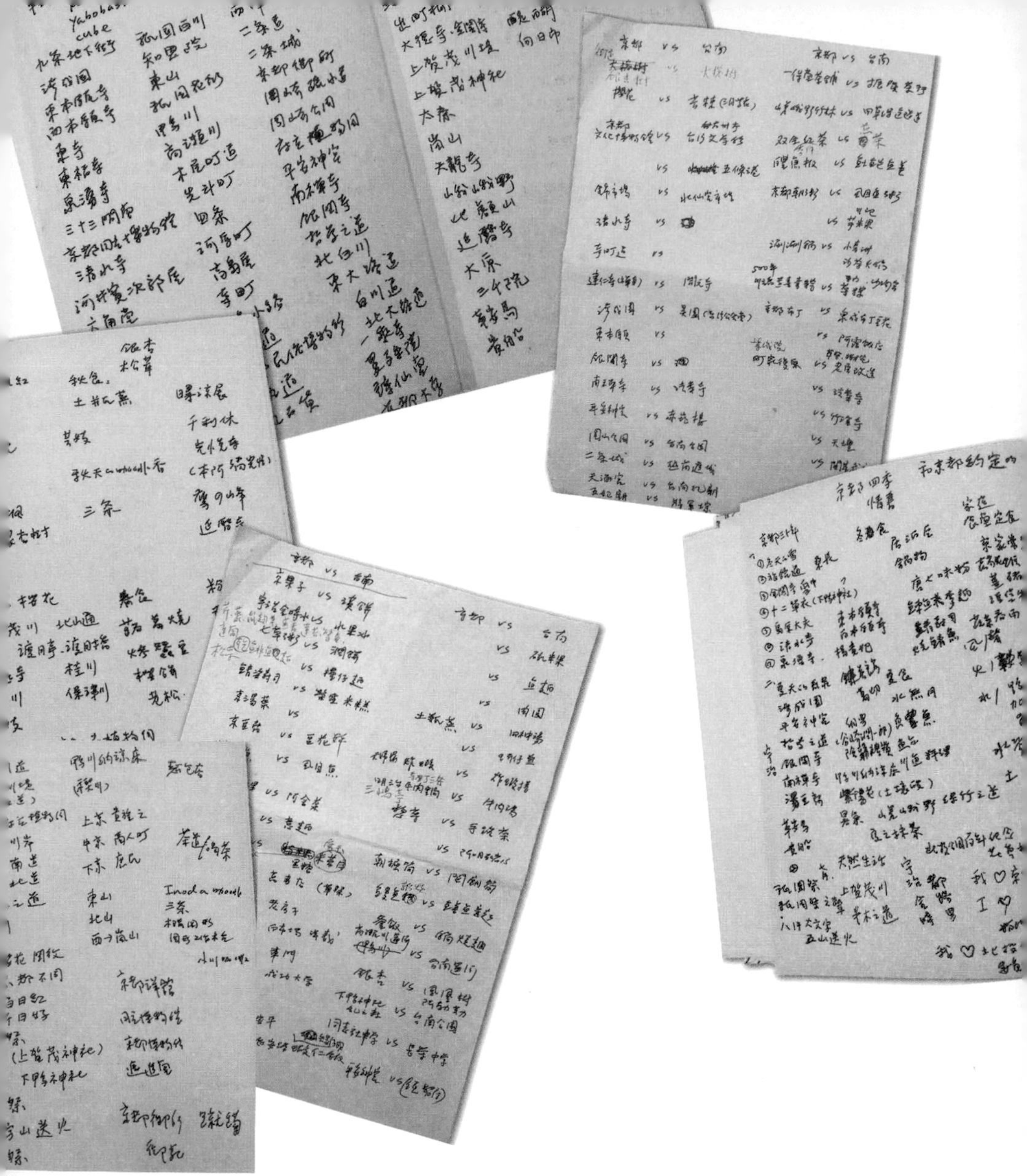

韓良露京都筆記、手稿。

千年文明不稀奇，德里、開羅、西安都有，
但千年繁華不易。

京都人對日常生活之美的保護，
讓我們沉浸在大地之母的永恆懷抱之中。

京都是一個文明的隱喻，
生活美學絕不只是消費性的能量，而是社會哲學性的動力。

待的時間愈久，愈是覺得京都的門檻很深，
幾十次之遊，還是很難見到京都的內在幽微。

世上少有一座城市，能讓文明與自然並存，
京都神話的核心就在此。

我認為像京都這樣的一座城市，
就是屬於三十五歲以後的城市，甚至是一座四十歲的城市。

一群人喧鬧著，
在落櫻紛飛的樹下度過稍縱即逝的花樣年華。
眼前的花見情景，突然讓我濕了眼，
人生真是不敢不樂啊！

代後記 露水不見之後——良露與我的三十年京都夢華錄

朱全斌

二〇一四年的最後一天，妳跟我約好在關西國際機場見，然後再一起搭車去岡山。妳比我提早五天來日本，因爲身體不適的妳想一個人待在京都靜養，行前我跟友人都勸妳不要，但妳執意如此。

我到了約定的咖啡店，走了兩圈遍尋不著，後來才看見妳疲憊地趴在桌上睡著了。我將妳喚醒，妳才告訴我妳剛跟京都經歷了一場多麼驚嚇的告別……。

冬

一九八四年的冬天，妳二十七歲，參加旅行團第一次認識了京都，也立即就迷上了她。團體行程結束後妳一個人留下，在東本願寺對面的一家日式老旅館住下來。那一年我們才剛開始在一起，晚上妳打長途電話跟我說妳愛上了京都，捨不得離開。一周後我問妳是否要回來了？妳說再多待上兩、三天，然後每隔個兩、三天我再問妳相同問題，妳都不置可否，中間還去奈良住了一周。一直到有一天，妳在寒冷的天氣下一個人在清水寺待到天黑，下山時路上已空無一人，暗夜下妳被小徑上突然出現之一老嫗嚇了一大跳，妳說她的面目很恐怖，有點像女巫，當晚就打電話跟我說這說不定是個 Sign，警示妳該要回家了。

其餘幾回冬天去京都的經驗則多是美好的，當然，我想是因有我結伴同行。其中有兩次印象特別深刻。頭一回是見到了大雪紛飛下的金閣寺，平日金光閃閃的寺廟圍繞在碧綠的松林中顯得金碧輝煌，而當黑色的屋頂被落雪覆蓋爲銀白色時，整棟建築在一片白茫茫的陪襯下，像穿著金縷衣卻一夜白了頭的將軍，依然挺立在寒風中。

另一回，我們沿著哲學之道，一路冒著風雪前行，在濕冷的空氣中，我難免抱怨，妳卻要我多忍一忍，說到達目的地後我會感謝妳。原來妳是要帶我去南禪寺，去喝一碗湯豆腐。在經過了一、兩個小時的步行後，好不容易熬到了終點，身上還冒著汗，脫下皮手套捧著碗喝一口熱湯，味道雖然清淡，卻是至上的美味。尤其是薄如絲絹的豆腐衣，入口時那纖細的口感，永生難忘。

妳喜歡梅花，之前我們雖然也曾在杭州西湖邊的孤山賞梅，但是卻覺得粗野得很，原因是孤山賞梅的遊客多，他們穿著五顏六色的衣服，破壞了視覺，而冬天在京都的梅花祭，感覺卻截然不同。有一回，我們到北野天滿宮去賞梅，發現京都女人喜歡穿著和服賞花，沒穿和服的也多半著素衣出遊。我們見到一對優雅的老夫婦，先生帶著呢帽，穿著質地極好的灰大衣，太太則將一頭銀髮挽了一個髻，灰底細褐紋的和服上繪著繽紛的紅梅，妳指著他們用一貫很自信的口氣對我說，等我們晚年時也要如此打扮，妳一定會負責把我打理得很神氣。

寒冬送暖，冬天是適合拜訪朋友的季節。有一回，我跟妳一起去探望妳心儀的作家壽岳章子，妳一連替她在台灣出的兩本書寫了序，算是很有緣分。結果她身體不適，由她的學生代表接待，當時負責翻譯的還是後來變成動畫導演的留學生宋欣穎。我們在她們的帶引下，探訪了壽岳章子筆下那些京都老鋪以及京町家，書中提到的傳統生活的美好一一展開在眼前，令我們大爲稱羨。妳說眞想在京都買個房子住下，後來在前年，我們還眞的看上了烏丸御池那邊的一間公寓，差一點下訂，還好後來做罷，不然現今我還眞打不起精神獨自去面對呢。

春

記不清我們結伴一起去賞櫻有多少回了，但每次出發前都帶著些許矛盾的情緒，因爲我們愛京都是愛她的鬆緩、清靜以及帶著唐宋遺風的生活方式，櫻花季趕櫻的人潮卻讓古都湧進大批觀光客，只要有櫻花樹便無處不是景點，熙攘的人群令我們感到十分焦躁，妳說過花情的蔓延有如瘟疫一般，還眞是貼切的形容。

不過印象中還是有兩回賞櫻之旅令我難忘，一次適逢滿開，而另一次則遇到櫻吹雪，前者讓我們看見了乍現的青春，後者則讓我們目睹了繁華落盡，這兩個相距也許才十天的場景，如今交替在我的記憶中閃回，有如妳才値壯年就逝去的短暫生命，令我不勝唏噓。

通常滿開也正是人潮最多的時候，我難忘的這回卻遊客稀少，因爲那是二〇一一年，不到一個月前在日本東北才剛發生了三一一東日本大地震，引發的海嘯造成一萬六千多生靈的驟然死亡。在這樣哀傷的氛圍下，日本人哪裡有心情玩耍呢？我們卻決定要按照原定計畫前往，沒想到卻成了賞花興致最高的一回。我們到的早了些，抵達時還有三、四成是花苞的狀態，第二天清晨再看，已然是繁花盛開。想起震災，妳不免感傷，一再跟我喟嘆生命之無常，我還以「要活在當下，好好欣賞美景」回妳，沒想到，當時妳不能與我同喜，今日妳也不能與我同悲了。

另一回，當我們來到時已値花季末期，所以遊客也算稀少，清冷的城內有些蕭瑟，我們看到了著名的櫻吹雪。在逗留的五天中，初時花朵雖然仍滿枝綻放，但只消微風一吹就如雪花一般飄得滿地。有些落在大樹旁的泥土地上，形成斑斑駁駁的圖騰，仍然留下曾經活過的證據。但我們沿著鴨川，哲學之道或小溪散步，也總是看見的那些順水而流的花瓣，就不知流向何處？

在離去前的最後一晚，我們在一叢叢敗落的夜櫻樹下跟猶不想離去的散客一起飲酒，吃小食。我們斟上溫過的清酒，舉杯祝福彼此健康，這時，一位穿著和服的老婦人孤單一人地正好從我們身邊走過，妳看了一眼說好感恩我們可以一起在春寒的夜晚共賞夜櫻，以後當永遠記得無常人生中仍然得以相伴相守的幸福。

第二天早上，我們拖著行李準備搭巴士去火車站，昨夜還零星掛在枝頭的殘花竟然一夜都散落了，只留下枯樹向我們告別。

夏

一九八九年的夏天，跟台北一樣是個盆地的古都熱得像個火盆。我們一起從東京坐新幹線來到這裡，我不停地流汗，也不停地抱怨。我們剛從東京結束了電視台的考察行程，因爲中視給了我們一個開闢晨間連線電視節目的任務，在ＮＨＫ、朝日等電視台取完了經，原本就該早早返台進行籌劃事宜了，妳卻說妳想看看夏天的京都。五年前妳來過，從此愛上她，而這雖是我的第一次，但年輕的我事業心重，興致並不高，延期返台一半是爲了妳。

我們住進了河原町附近的一家小旅館，天氣酷熱，我一點也不想出門，寧願窩在冷氣房看電視，繼續我的「考察」工作，妳卻總是興高采烈，一個人到處逛。三不五時就會帶著飲料或一根半融的冰淇淋捲回來看我。有一回，妳還帶著不知從哪裡採來的一束紫陽花回來，簡陋的小房間頓時有了生氣。

我對自己跟京都的首次交會印象模糊，大約除了金閣寺及清水寺，剩下的就是褥暑潮濕的觸感與氣味。那次回家後，我也從不曾主動說過要再去京都，而妳就不同了，對她念茲在茲地有如初戀情人，也總惹來我有如嫉妒心發作般的調侃。

妳對京都一往情深，妳經常說要是可以去那邊住幾個月多好；妳鼓勵朋友的女兒要捨巴黎而去那邊求學；而我們每次去上海，妳都要繞遠程搭日航在關西機場轉機，爲的是多一次去見「老情人」的機會。對妳而言，京都具有神奇的療癒作用，這也是爲什麼當我父親於二〇〇四年過世時，妳就主張說帶我母親去京都一遊一定可以撫慰她。

然而，我的母親雖然不像妳的父親那般有日本情結，但是這趟暑假的京都之旅，我卻發現京都對她的哀傷是無能爲力的。我們帶著她去吃葛切、吃漬物懷石料理，她也勉力配合，裝作很感興趣的樣子，但是我知道她並不快樂。倒不是氣候的關係，也不是她對唐宋的庶民文化沒感覺，而是我發現她的心並沒有跟她一起出來旅行。再者，雖說是我們在陪伴她，但是我倆感情如此之好，常常顯現如膠似漆般的甜蜜，怎不會時時令剛開始孀居的她觸景傷情呢？自妳走後，偶爾我也跟成雙成對的朋友一起出遊，才忽然體會到母親當時的心情，不禁感慨當時的好意卻有點形成不孝的結果了。

京都對我具有療癒作用嗎？不知道我需要多久才可以積聚足夠的勇氣前去發現了。

秋

四季之中，我們都偏愛秋天，但是秋天的京都，我們卻去得極少，一方面是因爲秋季甚短，而楓葉季的時間更短，另一方面是這段時間多在工作，比較不得閒。然而閒心卻是逛秋天的京都所必需的，因爲秋季正喻意著人生由中年步入晚年，忙碌的節奏太像綠意盎然的夏天，不得閒的心如何去體會其中況味呢？

跟春櫻一樣，每年的楓葉季總是讓秋天的京都湧入大批遊客，這是想看楓葉必須接受的現實，因而我們也不太積極。但是那一回突然有幾天假，妳臨時起意，決定就直接飛過去吧，行前也沒有訂好旅館，我們就動身了。

到了京都以後，我們按照以往在歐洲旅行的慣例，就是我在火車站附近找一家咖啡館待著，一邊顧行李一邊看資料，而找旅館這件事就由妳負責。妳有方向感，對旅館的好壞又有嗅覺，我一直都樂得輕鬆。妳帶著一副包在我身上的表情離開。沒想到這次情況不一樣，等了一、兩個鐘點後，妳先跑回來跟我說，由車站走到七条，其間每一家旅館妳都問過了，據說因爲是某個熱門祭典的因素，房間都被訂光了。不過，妳說交給妳好了，問題會解決的。

妳一向都最善於危機處理，在諸事太平時，妳總是懶洋洋地，但是一碰到危機發生，妳就會變得十分鎮靜，因此我也很放心。又過了一小時，妳再度回來跟我說，情況有點不妙，附近應該每一家旅館妳都問過了，眞的是一個床位不剩，而有的熱心的店家還幫妳打電話去問嵐山等郊區，也是全部客滿。妳教我要有心理準備，說最壞的打算就是坐火車去東京，然後在車上睡。說完這些話，妳又一溜煙地走了，因爲妳說也許有的旅客預訂了卻沒有出現，妳要再走一圈試試看。

我左等右等，等到咖啡店都打烊了，還不見妳回來，我開始擔心起來。我守著行李，孤伶伶地一個人站在街頭等，不敢離開。天早黑了，商店也都已關門。秋意甚濃，風吹得我一陣陣寒意。我想到自己總是像個書僮般地跟著妳四處遊歷，從來也沒拒絕過，現在可能都要在火車上過夜了，也似無怨無悔，不知前世是什麼因緣？出國前沒訂好旅館，內心就有點不安，但是妳對京都的癡迷，讓我實在無法阻止妳。如果下場悲慘，是否我也該負責呢？

沒想到天無絕人之路，京都還給了妳一個公道，過一會兒，妳喜孜孜地回來了，說遇到一位好心的女將，她看妳可憐，就一家一家地幫忙打電話問有沒有人退房，後來果然問到了一家，終結了我的擔憂。

經過一天的驚嚇後，第二天一早迎接我們的是層次繁複紅得醉人的楓葉，雖然不過幾天就要轉黃繼而凋零了，仍然奮力怒放著。妳樂觀與遇危不亂的本事讓我感覺有如秋天裡這些豔麗的紅葉，妳曾說這些秋楓好比懂得年華易逝的中老年人愛情，最紅烈的情事是生命最後的奔放。妳在臨走前的一年中一口氣出了四本書，是否就是拚著最後力氣做最後的燃燒呢？妳的倏然離去也好比秋風掃過，留下我獨自面對一攤黃葉。

冬

二〇一四年十二月二十六日妳最後一次來到京都，距離第一次的造訪正好隔了三十年。當年二十七歲的妳體力、精力都好得很，可以從早玩到晚，但是這次完全不同，我幫妳訂的 Kyoto Royal Hotel 在三条河原町上，位置很好，往南走過三条，走寺町通就可去妳喜逛的錦小路通，若從四条烏丸走回三条也可去 Smart Coffee，妳愛吃他們的 French Toast，雖然妳已經不喜歡購物了，悶的時候還是可以去大丸百貨走走。但是因爲病體虛弱，妳都沒興致了。

在我們約好見面前的五天中，妳每晚都在電話中告訴我，妳哪裡都提不起勁去，每天出門大約就是方圓兩、三條街內的距離。妳說，連妳過去喜歡買的甜食、漬物、佃煮、惣菜都沒太大興趣了，覺得它們過度華麗過度裝飾，妳反而想吃的是簡單的京都洋食。妳說燒肉、串燒都讓妳覺得味道太重，反而有點想吃清淡的中華料理。妳說雖然妳想看看自然風景，但是我不在，就好像喪失了行動力。京都的一切似乎瞬間喪失了吸引力，妳好像不再愛她了。

在我抵達的這一天，妳很高興地一早就起身了，吃過早餐就去辦退房。然後帶著那大件行李去搭公車。結果上了車，過了兩站，妳想到下車時應該要準備零錢，這時才突然發現，自己隨身的手提包不見了，但是怎麼也想不起離開旅館時帶著它沒有？妳覺得要趕快下車，但是身上沒有錢，原來都想跟其他乘客借了，居然在大衣口袋中摸到兩百圓，正好夠下車的車資。妳急忙下了車，拖著件大行李，只覺得天氣很冷，衣服很重，這時天上也正好飄下了細雨，妳想要搭反方向的車回旅館去找妳的手提包。但是妳花掉了妳僅有的零錢。無計可施的情況下，妳只好咬著牙用虛弱的身體拖著大行李一路冒雨走回去。四十分鐘後，妳走回旅館時已經筋疲力竭，妳問櫃檯，但沒人看見妳的包，妳很害怕，因爲裡面除了錢還有妳的護照、信用卡。櫃檯的人說房間還沒有清理，可以讓妳回去檢查一下，妳趕回房間才看見手提包安然放在書桌上。

這完全不是那個小心謹愼隨時提醒我不要落東落西的那個妳會犯的錯，妳在機場跟我訴說這一切時，說妳這次覺得好累，可能有好一陣子都不想來京都了，而這竟成爲妳最後一次的京都之旅。

妳曾比喻自己是城市的採集者，京都應該是妳最珍愛的那一顆珍珠。妳與京都跟我的緣分正好都是三十年，古都讓妳著迷的千年繁華好比妳留下我倆相知相守的記憶。美好的緣會和生命短暫如晨間的朝露，如夢似幻，但露珠上映現的人影、樹影和花影，將會永隨我身、永存我心。

妳看了一眼說，

好感恩我們可以一起在春寒的夜晚共賞夜櫻，

以後當永遠記得無常人生中仍然得以相伴相守的幸福。

看世界的方法222

露水京都

作者	韓良露
攝影	朱全斌
插畫	金　岡
演講文字整理	連秋香
美術設計	吳佳璘
責任編輯	林煜幃
董事長	林明燕
副董事長	林良珀
藝術總監	黃寶萍
社長	許悔之
總編輯	林煜幃
副總編輯	施彥如
美術主編	吳佳璘
主編	魏于婷
行政助理	陳芃妤
策略顧問	黃惠美・郭旭原・郭思敏・郭孟君
顧問	施昇輝・張佳雯・謝恩仁・林志隆
法律顧問	國際通商法律事務所／邵瓊慧律師
出版	有鹿文化事業有限公司
地址	台北市大安區信義路三段106號10樓之4
電話	02-2700-8388
傳真	02-2700-8178
網址	www.uniqueroute.com
電子信箱	service@uniqueroute.com
總經銷	紅螞蟻圖書有限公司
地址	台北市內湖區舊宗路二段121巷19號
電話	02-2795-3656
傳真	02-2795-4100
網址	www.e-redant.com

ISBN：978-926-7262-07-8
二版第一次印行：2023年3月
初版：2015年12月

定價：380元

國家圖書館出版品預行編目(CIP)資料

露水京都／韓良露一文字
一二版. 一 臺北市：有鹿文化事業有限公司，
2023.03　面；公分. 一(看世界的方法；222)
ISBN 978-626-7262-07-8 (平裝)
1.CST：旅遊　2.CST：日本京都市
731.75219　112002689